Vorwort

Der schönste Fleck der Erde nennen die Andalusier ihre Heimat und da kann man ihnen wirklich nur zustimmen. Es ist immer wieder ein Erlebnis wie diese Mischung von Antike und Moderne hier zusammentreffen und trotzdem nahtlos ineinander zu fliessen scheinen. Mit diesem Buch werden Sie Andalusien; und auch die Andalusier besser kennen- und verstehen lernen. Garantiert!

Erlesen und erleben Sie Andalusien in seiner kulturellen Vielfalt. Tanken Sie Kraft und Ruhe in diesem südlichsten Landesteil Europas.

In diesem Sinne viel Spaß beim Lesen und Entdecken.

Für *individuelle* Gruppenreisen stehe ich Ihnen natürlich auch als Reiseleiter zur Verfügung.

Weitere Informationen entnehmen Sie bitte meiner Homepage *www.Ingolf.in*

Die Nordeuropäer haben die UHR

- die Südeuropäer haben die ZEIT

D1669911

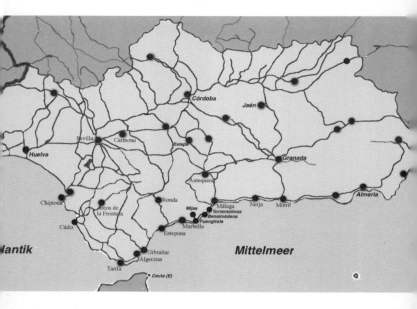

1. Die Menschen

Die Andalusier

Es war einmal...aber leider ist es lange her, wo hier in Andalusien einst maurische Könige, für Reichtum und Bildung sorgten.

Heute zählt Andalusien zwar zu dem wirtschaftlichen Schlusslicht in Spanien aber es ist ein wahrhaft paradiesisches Schlusslicht. 8,2 Millionen Köpfe zählt dieses herzliche Völkchen mittlerweile – die halbe Million Ausländer, die heute offiziell hier lebt, zählt natürlich nicht mit. Wegen ihrer sehr ländlichen Prägung wurden die Andalusier von den anderen Spaniern eigentlich immer nur belächelt.

Was die Andalusier traurig macht, ist, dass die Einkommen hier dreißig Prozent unter dem spanischen Durchschnitt liegen. Das bringt ihnen zwar die eine oder andere EU-Fördermilliarde ein, aber die brauchen sie natürlich auch, bei den Ausgaben, die hier auf einen zukommen. Da sich in den letzten Jahrzehnten hier der Immobiliensektor und der Tourismus sehr weit entwickelt haben, sind viele Preise so stark angestiegen, dass die Andalusier da nicht mehr mithalten können. Wer beispielsweise als Polizist oder Richter nach Marbella beordert wird, beantragt spätestens nach einem Jahr seine Versetzung, weil er sich von seinem Beamtengehalt einfach keine Wohnung kaufen kann. Die, die doch dableiben, schaffen das nur, indem sie sich andere Finanzquellen erschließen. In der Schwarzgeldhauptstadt Europas findet sich da immer irgendein Weg.

Falls Sie meinen, dann sollte er sich eben eine Wohnung mieten, wenn das Geld nicht fürs Kaufen reicht, stoßen Sie bei einem Andalusier auf absolut taube Ohren. Eigentum zu erwerben ist hier Volkssport – sogar bei den Sozialwohnungen wird hier nicht die Miete, sondern der Kaufpreis subventioniert. Traditionell gehört dazu als Mindestausstattung ein fester Arbeitsvertrag und eine möglichst hundertprozentige Bankenfinanzierung – das macht sofort verständlich, warum dieser traditionelle Volkssport gerade nicht so intensiv betrieben wird. Aber auf den Immobilienmärkten haben wir immer recht berechenbare Wellenbewegungen: Sieben Jahre geht es nach oben mit den Wohnungspreisen, dann bröckelt es wieder sieben Jahre. Der Staat hilft beim Erwerb von Wohneigentum weiter, zum Teil mit sehr günstigen Krediten mit einer Laufzeit bis zu 50 Jahren. Da werden die Kinder, die noch nicht mal geplant sind, gleich mitverschuldet.

Diese Kinder, wenn sie dann erst mal da sind, ziehen deshalb auch erst wieder bei den Eltern aus, wenn sie sich die Monatsraten für eine Hypothek für die erste eigene Wohnung leisten können. Und weil es sogar in Andalusien üblich ist, dass man schon vor dem 40. Geburtstag heiratet, ist es in dieser Region typisch, dass die Söhne auch nach der Hochzeit bei den Eltern im Haushalt bleiben und dass die zukünftige Schwiegertochter also mit zu den Eltern des Bräutigams zieht. Das ist oft nicht einfach für die Schwiegertochter, und der Sohn bleibt so immer unter dem Einfluss von Eltern und Großeltern.

Oft wohnen in Andalusien sogar nicht nur zwei, sondern gleich drei Generationen unter einem Dach. Die wichtigsten Personen dabei sind eindeutig die Kinder. Die sind mehr oder weniger heilig gesprochen. Wahrscheinlich liegt das auch an der Geburtenrate. Die ist ähnlich niedrig wie in Deutschland, wir bekommen das hier nur nicht so stark mit, weil die Zuwanderung sehr hoch ist. Sie werden hier niemals ein Kind ohne Begleitung eines Erwachsenen über die Straße gehen sehen. Kinder werden zur Schule gebracht und von der Schule abgeholt. Ganz toll ist es natürlich, wenn man schon eine Stunde vor Schulschluss am Tor steht und auf sein Kind wartet. Das muss man sich ja auch leisten können.

Wenn hier etwas nicht so gerne gesehen wird, dann dass man nicht gesehen wird, dass man also gesellschaftlich nicht unterwegs ist. Ein Beispiel: Wenn Sie den ganzen Tag im Café sitzen, heißt das, dass Sie sich die ganzen Kaffees leisten können, die Sie da trinken. Nach hiesigen Maßstäben sind Sie dann sehr intelligent. Wenn Sie nicht gesehen werden, also beispielsweise für Ihr Geld arbeiten müssen, müssen Sie offensichtlich noch viel dazulernen. Es ist schon manchmal peinlich, wenn man zuhause nicht gesehen wird: „Sag` mal, gehst du arbeiten?" – „Ach nee, ich vertrete nur jemanden." – „Ach so, ich dachte schon..."

Die zweitwichtigsten Personen im andalusischen Haushalt sind mit Sicherheit die Alten. Die Alten und die Kinder verstehen sich blind. Gut, die Kinder müssen aufpassen, dass die Alten ihnen nicht immer das Spielzeug wegnehmen, denn Brillen sind in Andalusien (nämlich) wesentlich seltener als in Deutschland. Erst auf dem dritten Platz kommen die Eltern, aber die sind ja auch den ganzen Tag nicht zuhause; die müssen ja noch viel dazulernen. Und dann kommt ein Riesen-Misthaufen, und erst dann kommen Tiere. Tiere haben im Haus beispielsweise überhaupt nichts verloren. Deshalb sind Hunde hier keine Haustiere, sondern Nutztiere. Es kommt ziemlich häufig vor, dass ein Spanier seinen Schäferhund im Keller einsperrt, er hat ja nur zu bellen, wenn jemand kommt. Falls es Sie wundern sollte, dass es dennoch so viele Tierschutzvereine hier in Andalusien gibt: Die wurden fast alle von Ausländern gegründet.

Ein Tier allerdings hat es sogar geschafft, sich ein wenig in die Herzen der Andalusier einzuschleichen. Das ist der andalusische Esel, der Burro. 50 Jahre wird so ein Esel alt, er ist in der Regel stark kurzsichtig, kann aber morsche Brücken und Futter auf 30 Meter Entfernung wittern. Esel bekommen aufgrund ihrer Kurzsichtigkeit ihren Nachwuchs immer nachts bei Vollmond – oder bei Neumond tagsüber. An keinem anderen Tag - oder Nacht - werden Esel weltweit geboren. Ich habe sofort nachgesehen, wann ich auf die Welt kam, und jetzt ist es offiziell - der Kelch ist an mir zu 80% vorbeigegangen.

Und wenn Sie denken, dass ein Esel stur ist: Das stimmt gar nicht, das ist ein Handlingsfehler. Wenn Sie beispielsweise schwere Waren mit dem Esel transportieren wollen, müssen Sie sich dem Esel gegenüberstellen und sein Gewicht schätzen. Wenn Sie unsicher sind, heben Sie ihn kurz an. Und dann geben Sie ihm Rum zu trinken, Esel lieben Rum über alles. Faustregel: 0,5 Liter je hundert Kilogramm. Ein ausgewachsener Burro bringt gut und gerne seine 300 Kilo auf die Waage, also anderthalb Flaschen Rum, dann läuft er butterweich. Nur nicht im Gewicht verschätzen und ihm zu viel zu trinken geben – es macht nicht gerade Spaß, mit einem betrunkenen Esel über die Straßen zu gehen. Dass ein Esel sich so rostig anhört, liegt wohl daran, dass er beim Ein-und Ausatmen Töne von sich gibt. Früher hatte jede andalusische Familie einen Burro, und der war der wertvollste Besitz der Familie. Und alles, was wertvoll war, kam ins Wohnzimmer. Bis dann 1955 der Seat 600 gebaut wurde. Schon flog der Esel raus und der Seat 600 kam ins Wohnzimmer. Auch das hiesige Bildungssystem ist, nun ja, gewöhnungsbedürftig. Beispielsweise gab es in ganz Andalusien noch niemals den in Deutschland so üblichen Lehrstellenmangel, weil es hier keine Lehrstellen gibt. In Deutschland haben wir ja mehr als 300 verschiedene Ausbildungsberufe, in Spanien gibt es überhaupt keine Berufsausbildung. Das, was sich hier so nennt, sind überbetriebliche Veranstaltungen, die anderswo allenfalls das Wort „Lehrgang" verdient hätten.

Der Telefontechniker, der zu Ihnen kommt, hat auf diese Weise eine Ausbildungszeit von sieben Tagen genossen. Ein Bauelektriker geht immerhin sechs Wochen in die Lehre, dann kann er loslegen. Zweiadrig. Vor ein paar Jahren haben wir hier an der Küste, in Benalmádena, das modernste Klärwerk Europas eröffnet, besser gesagt: Wir wollten es eröffnen – am Tag vor der Eröffnung ist es abgebrannt. Hat wohl jemand das Licht angemacht; vielleicht sollte man doch einmal damit anfangen, die Leute besser auszubilden. Aber wir bauen ganz bestimmt ein neues Klärwerk: Sobald das Geld da ist, fangen wir an.

Wer eine etwas längere Lernzeit haben möchte, kann es mit dem Studieren versuchen. In Málaga zum Beispiel haben Sie die Möglichkeit, auch mit einem Hauptschulabschluss zu studieren. Sie müssen lediglich eine Aufnahmeprüfung in der Landessprache schaffen, die sogenannte Selectividad. Aber glauben Sie mir, die ist nicht schwer – und schon steht beispielsweise einem Tourismusstudium nichts mehr im Wege.

Die Schulpflicht in Spanien beginnt schon mit dem vierten Lebensjahr. In zwei Jahren Vorschule lernen die Kinder lesen, schreiben und die Zahlen bis 100. Danach geht es richtig los, wie bei uns mit sechs Jahren – aber nicht wie in Deutschland für mindestens neun, sondern für mindestens zehn Schuljahre.

Es gibt eine Frage, die man immer gestellt bekommt, wenn man hier wohnt: „Wie viele Kinder haben Sie, und wo gehen die in die Schule?" Antworten Sie: „Ich habe zwei Kinder und die gehen aufs Colegio Público", also auf die staatliche Schule, dann sind die Menschen einfach nur nett zu Ihnen. Sagen Sie aber: „Ich habe vier Kinder, und die gehen auf Privatschulen", dann ist das so, als würden Sie in einem deutschen Krankenhaus „Ich bin Privatpatient" sagen.

Wer immer es sich leisten kann, erspart seinem Kind das öffentliche Schulwesen und schickt es auf die Privatschule. Seit Ausbruch der Krise 2008 wurden in Andalusien 7.389 Lehrerstellen für die öffentlichen Schulen ersatzlos gestrichen. Rund um Marbella gibt es 28 Privatschulen, auch eine deutsche in Elviria. Das kostet ca. 500 Euro pro Kind und Monat plus Einschulungsgebühren von rund 3.000 €. Aber dafür gibt es kein Kindergeld – hat man 1972 abgeschafft und vergessen wieder einzuführen. Trotzdem kann sich die Privatschule rentieren. Für Ihre Kinder sowieso: Ausländerkinder an der Costa del Sol sind in der Regel dreisprachig: Spanisch, ihre Muttersprache und Englisch und alles dialektfrei. Aber für Sie auch: Auf dem Weg über die Privatschule können Sie sogar als Ausländer dafür in Frage kommen, dass ein Andalusier mit Ihnen seriöse Geschäfte macht.

Alle Schul- und Altersklassen haben eins gemeinsam: drei Monate Schulferien am Stück, von Mitte Juni bis Mitte September. Das kann lang werden, vor allem für die Eltern. Die Kinder können noch so lieb sein, nach sechs Wochen geben Sie die zur Adoption frei. Aber wenn Sie so eine Tochter haben wie ich, die einem Maulesel alle vier Beine wegdiskutieren kann, dann geht's auch schon nach vier Wochen. Des Weiteren ist sie felsenfest davon überzeugt, das alle Kinder unschuldig auf die Welt kommen, um dann von ihren Eltern fertiggemacht zu werden.

Nicht nur der Ferien wegen haben Kinder hier ein schönes Leben. In Deutschland sind ja teilweise Tiere etwas hochrangiger als Kinder. Das ist hier genau andersherum: Tiere haben hier überhaupt keinen Stellenwert. Meine Tochter hat das allerdings ganz anders gesehen: Sie wollte immer nach Deutschland, weil es dort den Kindern so gut gehe. Ich hab sie mal gefragt, wie sie darauf kommt. „Ja, die Kinder in Deutschland dürfen alles", sagte sie mir. „Die essen den ganzen Tag Eis, die können aufstehen, wann sie wollen, die haben immer gute Laune". Ich musste ihr dann erklären, dass das nur für die Deutschen im Urlaub gilt.

Sicher ist es Ihnen schon aufgefallen, dass wir hier eigentlich eine Zeitverschiebung bräuchten: Es wird viel später hell als in Deutschland, dafür aber auch viel später dunkel. Der Unterschied, wir haben das nachgemessen, ist ziemlich genau eine Stunde. Portugal, gleich hier um die Ecke, hat diese Zeitverschiebung, wir halten uns lieber an die Mitteleuropäische Zeit. Dafür stehen wir einfach später auf, und das klappt genausogut. Die öffentlichen Schulen beginnen erst um 9.00 oder 9.30 Uhr. Und um 10 Uhr, also so um circa 10 Uhr, öffnen dann die Geschäfte, um dann um Punkt 14 Uhr- und ich meine Punkt 14 Uhr, danach können Sie eine Atomuhr stellen- wieder zu schließen. Dann ist nämlich Mittagspause, Siesta. Bis 17 Uhr. Während der Siesta werden aufgrund der hohen Temperaturen meist nur Kleinigkeiten zu sich genommen, spanische Tapas zum Beispiel. Und um 17 Uhr, also irgendwann zwischen fünf und halb sechs, werden die Geschäfte wieder aufgemacht, um dann gegen 22 Uhr zu schließen. So gegen 23 Uhr trifft sich dann die Familie zu Hause, wo groß aufgekocht wird. Gegen 2 Uhr morgens gehen dann auch die Kleinen ins Bett.

Logischerweise hassen Andalusier das Frühstück. Sie machen es sich deshalb gerne dadurch etwas erträglicher, dass sie es während der Arbeitszeit einnehmen: Bürotür auf, Computer an, Jacke über den Stuhl (Anwesenheitsnachweis!), einmal durch die Post geschaut, und dann mit der Zeitung ins Café. Es sieht zwar so aus, als würde man nur Kaffee trinken. Aber hier im Süden wird zu allen Tageszeiten ein bisschen Alkohol getrunken. Morgens heißt das gerne Carajillo – Kaffee, Zucker und ein bisschen Cognac - für die Männer- für die Damen mit Baileys. Eine Art andalusisches Nationalgetränk. Wenn Sie hier einen Café con Leche bestellen, denken doch die Andalusier, dass Sie krank sind. Anscheinend dürfen Sie keinen Alkohol trinken, weil Sie sehr starke Medikamente zu sich nehmen. Sofort springt jemand auf und bietet Ihnen seinen Platz an, während 2 Männer Sie zum Selbigen bringen.

Wer etwas dazu essen will, nimmt Brot, jungfräuliches Olivenöl und Tomaten, passierte Tomaten und natürlich Knoblauch in Reinform. Wir haben ja früher die Tomaten in Holland zusammenschrauben lassen, aber jetzt können wir das auch selber, in Almeria.

Wenn Sie mal an einer spanischen Hysterie teilnehmen wollen, dann kaufen Sie sich ein Los der staatlichen Weihnachtslotterie „EL Gordo". Ihresgleichen die älteste Lotterie der Welt. Seit 200 Jahren werden bei dieser Lotterie Millionäre produziert und zwar immer am 22. Dezember. Sollten Sie gerade nicht in Spanien sein, können Sie die begehrten Lose auch im Internet kaufen. Bei El Gordo haben Sie die grösste Gewinnchance weltweit: 1:100.000. Beim deutschem Lotto liegt die Gewinnchance bei 1:140.000.000. Bei jeder Ziehung werden über 2 Milliarden Euro ausgeschüttet, aufgeteilt in über 150.000 Gewinne. Die Lose werden immer in Zehntel -lose geteilt und kosten am Schalter 20€ und beim Strassenhändler 23€. Viele Bürogemeinschaften und Rezeptionen teilen sich solche Lose, und wenn die dann dummerweise gewinnen, haben Sie keine Angestellten mehr oder 10 neue Vorgesetzte. Traditionell werden die Losnummern von Schulkindern gezogen und laut vorgesungen. Glauben Sie mir, aus jedem spanischen Radio werden Sie am 22. Dezember diese Kinderstimmen hören und jeder hofft natürlich, dass er der Glückliche ist. Bekanntgegeben wird übrigens immer nur, aus welchem Dorf der Gewinner kommt und nicht wie er heißt, und dann beobachten sich alle gegenseitig: Wer wird nervös oder wer findet seinen Mann nicht mehr hübsch genug für die doch jetzt schönere Zukunft. Seit 2013 muss der Lotteriegewinn mit 20% in Spanien versteuert werden. Also nicht sofort alles in Sangria umwandeln.

Ein paar Tipps noch für den Umgang mit Andalusiern:

- Fragen Sie niemals einen Andalusier nach dem Weg: Er wird niemals zugeben, dass er ihn nicht kennt, schließlich ist er hier zu Hause. Wenn Sie vier verschiedene Andalusier nach dem Weg fragen, werden Sie in vier verschiedene Richtungen gewiesen werden. Aber an Ihrem Ziel werden Sie so nie ankommen. Das wird übrigens auch nicht besser, wenn er tatsächlich den Weg kennt. Dann sagt er beispielsweise: „Geradeaus bis zur Pláza Franco und dann links bis zur alten Post", und für ihn ist das eindeutig, obwohl der Platz vor 30 Jahren umbenannt und die Post vor 15 Jahren abgerissen wurde. Ist eben Ihr Pech, wenn Sie noch nicht so lange hier wohnen.

- Passen Sie auf, wenn Sie hier durch die Wälder laufen. Denken Sie dran: Zu jedem Andalusier gehört ein Gewehr, genauer gesagt gibt es hier mehr Gewehre als Hasen. Nicht dass die schießen könnten – aber sie tun es natürlich trotzdem. Die schießen mit Schrot, so lange, bis sich nichts mehr bewegt, und dann essen sie das auf. Bleiben Sie deswegen im Wald und in den Bergen immer auf den ausgewiesenen Wanderwegen. Gejagt werden hier unter anderem: Hasen, Wildschweine, Rebhühner und auch Rotwild. Es gibt außerdem Unmengen an Schlangen hier in der Gegend! ... aber die sind nicht giftig. Alte Faustregel unter Trappern: Würgeschlangen sind nie giftig.

- Wenn Sie mit einem Andalusier Geschäfte machen wollen: Verlassen Sie sich nicht zu sehr darauf, dass er sich kaufmännisch verhalten wird. Während man bei Arabern beispielsweise deren ersten, lächerlich hohen Preis mit einem lächerlich niedrigen Preis kontert und dann der Handel beginnt, kann es Ihnen bei einem Andalusier passieren, dass er sich einfach umdreht und kein Geschäft mehr mit Ihnen macht. Das mag zwar für ihn teuer werden, aber er ist jederzeit fähig, zur Gesichtswahrung einen Totalverlust einzustecken. Wenn Ihnen das zwei, drei Mal passiert ist, werden Sie wahrscheinlich vorher etwas einlenken.

• Wenn Sie einen Andalusier richtig beleidigen wollen: Sagen Sie ihm, Sie könnten ihn nicht verstehen, er rede zu leise. Allerdings sollten Sie sich vorher bis auf weiteres von Ihrem Gehör verabschiedet haben. Die Andalusier haben sich früher von einem Berg zum anderen ohne Qualitätsverlust unterhalten – heute machen sie das in Mehrfamilienhäusern noch genauso.

- Wenn Sie in einem Geschäft in der Warteschlange stehen, dann brauchen Sie nicht nervös zu werden, weil der Spanier, der gerade reingekommen ist, an Ihnen vorbei direkt zur Bedienung geht. Er fragt nur, ob das Produkt seiner Begierde vorhanden ist, und stellt sich dann hinter Ihnen an. Er wäre ja schön blöd ,wegen einer Sache anzustehen, die dann gegebenenfalls nicht da ist.

Die Touristen

Es mag Ihnen zwar im Supermarkt oder im Restaurant nicht immer so vorkommen, aber doch: Touristen sind hier gerne gesehen. Je mehr Geld sie dalassen, desto lieber. Als Deutsche müssen Sie deshalb damit leben, bestenfalls auf Platz 3 der andalusischen Beliebtheitsrangliste zu stehen. Unangefochten auf Platz 1 liegen natürlich die Saudis, die jedes Jahr im August Marbella leerkaufen, und auf Platz 2, immer noch mit weitem Abstand vor uns, die Engländer. Nicht etwa, weil die abends in der Kneipe doppelt so viel abpumpen wie wir, sondern weil sie sich auch bei noch so hohem Preisniveau immer noch Wohnungen und Häuser hier an der Küste kaufen.

Wir Deutschen haben ja die bedauerliche Eigenschaft, beim Einkaufen immer auf das Preis-Leistungs-Verhältnis zu achten, weshalb etwa seit 2001 praktisch kaum ein Deutscher mehr an der Costa del Sol eine Ferienwohnung erworben hat. Aber wenn die Preise sich in den kommenden Jahren weiter normalisieren, schaffen wir es vielleicht auch mal auf Platz 2, so etwa um 2018.

Ganz weit unten auf der Beliebtheitsskala stehen natürlich die Ausländer, die nicht hierher kommen, um Geld auszugeben, sondern um welches zu verdienen. Früher brauchten wir die hier nicht. Viele Andalusier aus dem Hinterland waren froh, durch den boomenden Tourismus an der Küste im Hotel- oder Gastronomiebereich zu arbeiten. Aber dann boomte nicht nur der Tourismus, sondern gleichzeitig auch die Bauwirtschaft, und das wurde den Andalusiern denn doch zu viel Arbeit auf einmal.

Zwischen 2004 und 2008 war es soweit. Da waren etwa 125.000 Bauarbeiter damit beschäftigt, die längste Stadt der Welt zu bauen, von Málaga bis nach Gibraltar. Und weil die meisten Bauarbeiter Andalusier sind – durch die überbetrieblichen Blitz-Ausbildungen lässt sich das auch sehr schnell regeln – waren für die Gastronomie fast keine mehr übrig. Dort arbeiteten vor allem Menschen aus Lateinamerika, Indien, China und wer weiß woher. In Benalmádena musste da sogar eine Gemeindeverordnung erlassen werden, wonach alle Speisekarten auch ins Spanische übersetzt werden müssen. Jetzt ist zwar vom Bauboom nichts mehr übrig und fast jeder dritte Andalusier ist arbeitslos – aber in den Restaurants arbeiten immer noch die aus „Werweißwoher". Logisch: Die Andalusier warten ja darauf, dass der nächste Boom anrollt und ihre alten Jobs zurückbringt. Ist Ihnen schon einmal aufgefallen, dass Sie immer noch auf den Kellner warten, während die meissten Einheimischen schon beim essen sind? Vielleicht liegt das daran, dass Sie die geheimen Verständigungszeichen nicht kennen. Ein Andalusier würde niemals nach dem Kellner rufen - weil das machen Sie ja schon die ganze Zeit - sondern er macht einfach nur zwei mal schnell hintereinander und deutlich „psst, psst" und dann sehen Sie mal, wie der Kopf des Kellners zu Ihnen herumwirbelt.

Eigentlich hätte nicht nur der Bau-, sondern auch der Tourismusboom zwischendurch irgendwann mal Pause machen müssen: Ende der 80er Jahre war nun wirklich jeder Deutsche, Schwede und Engländer schon mal da gewesen, und ein paar Jahre ein bisschen weniger Rummel hätten uns bestimmt nicht geschadet. Aber dann fiel die Mauer, und nicht nur die Ostdeutschen schauten noch mal hier vorbei, sondern auch die Russen und andere Osteuropäer, die ihr mühsam ergaunertes Geld hier anlegten. Über die Verteilung des Geldes gibt es dann hier zwar manchmal Streit, aber ihre Schießereien und Bandenkriege tragen diese Ausländer in der Regel so diskret aus, dass weder die Touristen noch die Polizei davon gestört werden.

Und als wäre das nicht genug des Booms, wurde dann auch noch der Golftourismus erfunden. Der hat den großen Vorteil, dass man viele Menschen hier unterbringen kann, die auch glücklich sind, wenn sie keinen Blick aufs Meer haben oder 30 Kilometer im Landesinneren wohnen – Hauptsache, sie sind direkt an ihrem Golfplatz. Ich halte das ja für gar nicht so ungefährlich, in der Nähe des Golfplatzes zu wohnen. Sollten Sie das Glück haben, direkt am Golfplatz zu wohnen -also first line golf- dann haben Sie auf der Terrasse eine Panzerverglasung. Wenn hier einer nicht spielen kann, hängen Sie irgendwann tot überm Geländer.

Mehr als hundert solcher Plätze haben wir aktuell hier in Andalusien. Wenn Ihnen das viel vorkommt: uns nicht. 200 wollen wir noch bauen, jeder mit einer Mindestgröße von einer Million Quadratmetern. In Marbella gibt es einen ganz besonderen Golfplatz, Dama de Noche, ein Flutlicht-Golfplatz, Tag und Nacht bespielbar. Davon gibt es nur zehn auf der ganzen Welt – und unserer ist bestimmt der einzige, der direkt an der Autobahn liegt.

Ein bisschen problematisch ist allerdings die Bewässerung. Wenn es drei Monate am Stück nicht regnet, sieht auch der gepflegteste Golfplatz reichlich vergilbt aus, und wir hatten ja bis 1995 sieben Jahre praktisch keinen Regen, kaum einen Tropfen Wasser von oben. Da haben wir Brauchwasser für die Bewässerung der Golfplätze genommen, das hat aber so gestunken, dass keiner mehr spielen wollte. Deshalb müssen Golfplätze heute Wasseraufbereitungsanlagen haben.

Was sich auf jeden Fall lohnt, wenn Sie hier unten sind, ist die Überlegung, einen Leihwagen zu nehmen. Das Angebot ist mannigfaltig, die Wagen sind meistens recht neu und die Preise sehr human durch den hohen Wettbewerb. Ich empfehle Ihnen allerdings dringend, an der Vollkaskoversicherung nicht zu sparen. Ein Parkrempler gilt hier nämlich nicht als Unfall, auch die Polizei wird da nicht gerufen – ohne Vollkaskoversicherung können Sie also die 250 Euro Selbstbeteiligung bei Schäden dem Vermieter auch gleich selbst in die Hand drücken.

Bitte nicht darüber wundern, dass die Spanier so komisch Auto fahren – die EU hat kürzlich eine Studie gemacht, für die aus jedem Land etwa 800 Autofahrer getestet wurden. Da kam heraus, dass wir hier in Spanien die zweitschlechtesten Autofahrer Europas sind. Jetzt wollen Sie sicher wissen wer die schlechtesten Kandidaten waren, aber das sagt man nicht - das tut den Portugiesen auch weh. Die zweitbesten Autofahrer Europas sind die Deutschen und die besten, sind die Österreicher. Und dann haben wir selber eine Untersuchung angestellt, was da los ist, und dann festgestellt, dass nur in jedem vierten Auto jemand sitzt, der einen Führerschein hat.

Von der Verkehrsordnung her ist es eigentlich genauso wie bei Ihnen zuhause. Allerdings fährt man hier etwas anders. Also eigentlich ganz anders. Man fährt nicht nach dem Rechts-Prinzip: Ich komme von rechts, also habe ich Vorfahrt, und wenn der andere mir reinfährt, bekomme ich einen neuen Kotflügel. Bedenken Sie, dass viele der Autofahrer hier nicht versichert sind und deshalb wenig geneigt, sich nach einem Unfall an die Regeln zu halten. Wenn so einer Ihnen dann mit Vollgas abrauscht und Sie sich sagen, na immerhin habe ich das Kennzeichen notiert – das kann auch vom Schrottplatz sein. Deswegen nie nach dem Rechtsprinzip fahren, sondern so, dass Sie auf der sicheren Seite sind. Manchmal kann einem Bremsen sehr viel Ärger und Zeit ersparen.

Sollten Sie vorhaben, einige Städte zu besichtigen, so kann ich Sie natürlich ermutigen, diese auch auf eigene Faust zu erkunden. Sollte es sich allerdings um Ihren ersten Besuch in der jeweiligen Stadt handeln, empfehle ich einen geführten Ausflug – wäre doch schade, wenn Sie vor lauter Auf-den-Verkehr-achten die schönsten Sehenswürdigkeiten verpassen. Bei einer Wiederholung machen Sie das natürlich mit einem Leihwagen. Die Führung durch die wichtigsten Monumente haben Sie dann ja schon gemacht, und dann genießen Sie einfach mal Sevilla, Granada, Cádiz oder Córdoba auf eigene Faust.

2. Die Städte

Sevilla

Beginnen wir, mit der Größe nach. Mit 701.000 Einwohnern ist Sevilla nicht nur die Hauptstadt, sondern auch die größte Stadt Andalusiens und die viertgrößte Stadt Spaniens – nach Madrid, Barcelona und Valencia. Sevilla liegt am Rio Guadalquivir – großer Fluss, wie die Araber sagten. Denen verdanken wir es übrigens auch, dass bei uns so viele Flussnamen mit Guadal- beginnen. Das hieß früher „Wadi al", und wenn Sie Karl May gelesen haben, wissen Sie bestimmt noch, dass Kara Ben Nemsi oft an einem Wadi entlanggeritten ist. Von allen andalusischen Städten hat Sevilla mit Sicherheit die meiste sichtbare Historie zu bieten. Sevilla nur an einem Tag zu besichtigen, das ist so, als würden Sie ins Kino gehen und nach dem Vorfilm wieder rausgehen.
Eine Tour nach Sevilla, so sie nicht mit mir im Bus erfolgt, benötigt einiges an Vorbereitung. Da Sevilla eine der heißesten Städte Europas ist, sollten

Sie in jedem Fall einen ausreichenden Getränkevorrat an Bord haben. Dass hier im Sommer 50 Grad erreicht werden, ist allerdings ein Gerücht: Wir kommen maximal auf 48 Grad im Schatten – das sind gefühlte 60 Grad. Wenn Sie einmal im Sommer in Sevilla waren, verstehen Sie auch, warum die Leute von dort im Sommer so gerne an die Küste kommen: weil es an der Costa del Sol so schön kühl ist.

Wenn Sie mit dem Auto nach Sevilla fahren, haben Sie drei Möglichkeiten: Über Málaga und Antequera (290km) und dann immer die Autobahn geradeaus, da kann man sich gar nicht verfahren und die ganze Strecke ist hervorragend ausgebaut. Oder Sie nehmen die Landstraße über Marbella und Ronda (190km). Die ist natürlich schwerer zu fahren und bis Sie nach Ronda hoch geklettert sind, haben Sie einige Dutzend Serpentinen (in Zahlen 218 Kurven) hinter sich – aber es ist eine traumhaft schöne Strecke. Die dritte im Bunde ist die Strecke über Cádiz und Jerez - muss aber teilweise bezahlt werden.

In Sevilla angekommen, suchen Sie sich am besten zentral einen Parkplatz. Damit Sie einen solchen auch finden, stehen überall an den großen Straßen Menschen, die einen Stock in der Hand

haben und Sie beim Einparken etwas unterstüt-
zen. Sicherlich wären Sie auch ohne die freundliche Hilfe wohnungsloser Spanier in der Lage, in
eine sich auftuende Parklücke rückwärts einzu-
parken. Trotzdem sollten Sie für Ihren Lotsen einen Euro bereit halten – so ein Stock kann nämlich auch sehr schmerzhaft sein.

Wenn Sie aus dem Auto steigen, sollten Sie sich
als erstes den Rosmarinzweig anstecken, den Sie
aus dem Hotel mitgebracht haben. Sollte ausgerechnet Ihr Hotel keine solchen Zweige anbieten:
Brechen Sie sich von irgendeinem Baum irgend
einen so ähnlich aussehenden Zweig ab und tragen Sie ihn offen mit sich herum. Ein aufmerksa-
mer Leser meines letzten Reiseführers hat es mit
einer Yucca-Palme versucht und zu seinem Er-
staunen hat das sehr gut funktioniert. Die ganze
Stadt ist nämlich voll von Zigeunern, und die
Frauen werden Ihnen Rosmarinzweige schenken
wollen, für die sie dann eine kleine Gegenleistung
erwarten, bei der Sie vermutlich nicht so günstig
davon kommen werden wie bei der Einparkhilfe.
Laufen Sie jedoch bereits bezweigt oder begrünt
durch die Stadt, erkennen die Zigeunerinnen,
dass Sie schon verarmt sind, und lassen Sie meist
in Ruhe. Das schützt Sie natürlich nicht vor den

Teppichverkäufern oder Tischdeckenverkäuferinnen – es sei denn, Sie nehmen beides aus dem Hotel mit und hängen es sich über die Schulter. Wenn Sie so glücklich in der Altstadt angekommen sind, sollten Sie auf keinen Fall versäumen, die Ka-

Zigeunerin mit Glücksbringer

thedrale von Sevilla zu besuchen. Der Eingang befindet sich gegenüber vom Indischen Archiv und auf dem Vorhof können Sie eine Kopie der Wetterfahne (Giralda) bewundern. Die Kathedrale wurde in den Jahren 1401 bis 1519 im gotischen Stil auf den Überresten der im 12. Jahrhundert errichteten arabischen Mezquita Mayor gebaut. Sie ist das größte religiöse Gebäude Spaniens und zählt zu den größten Kathedralen der Welt: 115 Meter lang, 76 Meter breit, das mittlere der fünf (!) Kirchenschiffe 42 Meter hoch. Von den Innenmaßen her handelt es sich sogar um die größte Kathedrale der Welt, und das sagen nicht nur wir, das steht sogar im Guinness-Buch der Rekorde.

Der Hochaltar der Kathedrale ist optisch aufgebaut, das heißt: Jede Figur aus der Leidensgeschichte Christi, und es gibt eine ganze Menge davon, sehen Sie in der gleichen Größe, ganz egal, wie weit nach oben Sie schauen. Diese Figuren fangen unten mit etwa 90 Zentimetern Höhe an, und nach oben gehen die bis über zwei Meter.

Außerdem können Sie in der Kathedrale das 1902 errichtete Grabmal für Christoph Kolumbus besichtigen. Da er leider in seinem Testament festgelegt hat, dass er niemals, aber auch wirklich niemals in spanischer Erde beerdigt werden möchte, wird er von vier

Sterblichen Überreste von Kolumbus

Sargträgern, die die ehemaligen Königreiche Kastilien, León, Aragón und Navarra symbolisieren, in der spanischen Luft gehalten, und das wird wohl auch so bleiben. Der tatsächliche Verbleib seiner Gebeine war allerdings nach mehrmaligen Atlantiküberquerungen weiterhin ungewiss – es gibt auch in der Dominikanischen Republik einen Sarg, in dem die sterblichen Überreste des Entdeckers liegen sollen. Aber wir haben es prüfen lassen, mit einem DNA-Test vor ein paar Jahren, seitdem haben wir es schriftlich: In der Kathedrale von Sevilla liegen etwa 200 Gramm Kolumbus-Überreste, was etwa einem Fünftel der ehemaligen Körpermasse entspricht.

Gegenüber der Kathedrale finden Sie das Indische Archiv. Es hat nie jemand übers Herz gebracht, es in „amerikanisches Archiv" umzutaufen, obwohl es doch die gesamten Aufzeichnungen aus der Zeit der Überfahrt nach Amerika und der Entdeckungen aufbewahrt. Vielleicht, um auf diese Weise den Geist von Kolumbus gnädig zu stimmen, der ja bis zu seinem Lebensende daran glaubte, nach Indien gesegelt zu sein. Bisher ist höchstens die Hälfte aller Aufzeichnungen des Indischen Archivs ausgewertet.

Im Altstadtbereich können Sie zudem die in die Kulturgeschichte eingegangenen Beweise dafür finden, dass in Andalusien auch gearbeitet wird, zumindest gearbeitet wurde: einen Friseurladen, der durch Giacomo Rossinis „Barbier von Sevilla" unsterblich wurde, und die Tabakfabrik, heute ein

Teil der Universität von Sevilla, in der auch das Rektorat untergebracht ist. Die alte, enorme Fabrik war lange Zeit der Dreh- und Angelpunkt der sevillanischen Wirtschaft. Die Fabrik wurde zwischen 1728 und 1771 erbaut und gab hundert Jahre später 10.000 Cigarreras Arbeit. Eine davon (Ja, natürlich drehte sie die Zigarren zwischen ihren Oberschenkeln) war jene Carmen, in die sich der junge Offizier José Lizarrabengoa verliebte – wie die Geschichte weiterging, schildert Georges Bizet in seiner Oper „Carmen". Im 19. Jahrhundert bildeten diese Frauen der Tabakfabrik die größte Arbeiterlegion Spaniens.

Das neoklassizistische Gebäude ist beeindruckend, obwohl es etwas düster ist. Sein Grundstück ist so groß wie kein anderes in Spanien mit Ausnahme des Escorial, dem großen Klosterpalast nahe Madrid. In einer der großen Hallen der Fabrik gab es 400 Esel, ein eigenes Gefängnis und eine Kinderkrippe – die Mehrheit der Arbeiter waren ja Arbeiterinnen. Heute dient dieses historische Gebäude der Universität von Sevilla. Das Stadtgefängnis, in dem José schmoren musste, weil er Carmen zur Flucht verhalf, hat übrigens den gemeinsten Standort, den man sich für ein Gefängnis nur vorstellen kann: Genau gegenüber liegt die städtische Brauerei, also das wichtigste Gebäude der Stadt.

Früher war mal das wichtigste Gebäude der Stadt der Alcázar, der mittelalterliche Königspalast von Sevilla. Ursprünglich als maurisches Fort angelegt, wurde der Alcázar später mehrfach zum Palast erweitert. Der Großteil der modernen Anlagen wurde ab 1364 auf den maurischen Ruinen für Peter I. gebaut. Der Palast ist eines der am besten erhaltenen Beispiele für die Mudéjar-Architektur, die unter christlicher Herrschaft entstandenen Bauten mit islamischem Einfluss. Spätere Monarchen erweiterten den Alcázar, wodurch noch weitere Baustile Eingang in den Komplex fanden. So entstanden zum Beispiel unter Karl V. und Philipp II. im 16. Jahrhundert Bauten mit gotischen Elementen, die in starkem Kontrast zu der dominierenden Mudéjar-Architektur stehen.

Während die Viertel um die Kathedrale und das Rathaus, das Ayuntamiento, die erhabene Größe des alten Sevilla repräsentieren, begegnen Sie im Altstadtviertel Júderia, also dem alten Judenviertel (Santa Cruz), eher dem über die Jahrhunderte scheinbar unveränderten alltäglichen Leben. (Trotzdem strotzt es natürlich nur so vor Historie.) Es gibt nichts Schöneres, als in diesem

Viertel in einem der Hostals zu übernachten und dann abends, wenn keine Tagestouristen mehr in der Stadt sind, auf einer der Plázas zu essen und sich von irgendwelchen Gitarrenspielern unterhalten zu lassen. Im Sommer fängt hier der Abend übrigens kaum vor Mitternacht an, denn erst dann weicht die unbarmherzige Hitze des Tages so langsam erträglichen Temperaturen. Wenn das Essen mal nicht aus Tapas bestehen soll, empfehle ich Ihnen eine Spezialität der Stadt: Estofado, das ist ein Rindsgulasch in dunkler Soße mit Apfelscheiben, Pinienkernen und Rosinen. Sehr schmackhaft.

Wer zur Abwechslung Sehenswürdigkeiten mal nicht erwandern, sondern an sich vorbeiziehen lassen will, hat in Sevilla zwei Möglichkeiten. Die erste ist eine erst vor einigen Jahren gebaute Straßenbahn, die durch das gesamte Stadtzentrum fährt. Im ersten Betriebsjahr brauchte man nicht auf den Fahrplan zu schauen, Sie merkten schon, wenn die Straßenbahn kam – die ganze Stadt erzitterte dann. Nachdem dann die ersten Gebäudeschäden entstanden, wurden die Strassenbahnen dermaßen gut gefedert, dass man sie nur noch erahnen kann. Wenn Sie etwas genauer auf das Bild schauen, werden Sie bemerken, dass die Strassenbahn im Zentrum ganz ohne störende Oberleitungen auskommt. Das wiederum heisst, freie  Sicht auf die Monumente. Die zweite Möglichkeit ist eine Flussfahrt auf dem Rio Guadalquivir. Diese Fahrt kostet 16 Euro, dauert eine Stunde und führt an der alten Hafenanlage von Sevilla und dem Weltausstellungsgelände von 1992 vorbei, von beiden ist allerdings nicht mehr viel zu sehen ist. Nach der Entdeckung Amerikas war Sevilla ja eine Welthauptstadt und das zentrale Scharnier zwischen Alter und Neuer Welt. Obwohl wir 93 Kilometer vom Atlantik entfernt sind, sind hier immer noch Ebbe und Flut zu spüren. Die Galeonen entluden hier ihre Gold- und Silberfracht, weil sie so tief im Landesinneren am besten vor Piraten geschützt waren.

Dass das mit dem Schutz eine ziemlich relative Angelegenheit ist, zeigt sich deutlich am Torre del

Oro, dem Goldturm. Dieser ursprünglich militäri-
sche Turm wurde im ersten Drittel des 13. Jahrhundert im Auftrag des Gouverneurs Abù I-Ulà
errichtet. Er hat zwölf Seiten und von seiner Basis
aus wurde seinerzeit eine schwere Kette unter
Wasser auf die andere Seite des Flusses Guadalquivir zum weniger bedeutenden Turm, Torre de
la Fortaleza, geführt. Auf diese Weise konnte man
den Hafen von Sevilla gegen Schiffe, die strom-
aufwärts fahren wollten, schützen. Es sollte
Ramón de Bonifaz jedoch gelingen, die Kette mit
der kastilischen Flotte zu durchbrechen, der somit
Ferdinand III. 1248 half, Sevilla zu erobern. Das
obere runde Endstück des Turmes wurde im Jahr

Torre del Oro

1760 durch Sebastián Van der Borcht hinzugefügt.

Im Mittelalter diente der Turm außerdem unter Pedro dem Grausamen als Gefängnis; ferner als geheime Lagerstätte für Edelmetalle, welche in regelmäßigen Abständen von der spanischen Silberflotte aus den Kolonien in Übersee herbeigeschifft wurden. Möglicherweise hat der Turm daher seinen Namen – vielleicht aber auch von seiner Kachelbekleidung, die in der Sonne goldene Reflexe zeigt. Heutzutage beherbergt der Torre del Oro ein Schifffahrtsmuseum mit Stichen, Seekarten, Modellen, alten nautischen Instrumenten sowie anderen historischen Dokumenten.

Vom Hafen geht es dann in das Weltausstellungsgelände von 1992, wo Sie auch zwei sehr prägnante Hängebrücken besichtigen können. Erbaut wurden sie von „Santiago Calatrava Valls", einem spanisch-schweizerischen Architekten. Die Stadt bietet gleich zwei Weltausstellungsgelände: einmal das von 1992, anlässlich der 500-Jahr-Feier der Entdeckung Amerikas durch Christoph Kolumbus, und das der ibero-amerikanischen Ausstellung 1929. Sie sollte den Wiederaufstieg Sevillas symbolisieren: Ein Jahr zuvor war der Guadalquivir so ausgebaut worden, dass auch moderne Hochseeschiffe wieder Sevilla anfahren konnten, der Fernhandel sollte einen neuen Aufschwung nehmen. Dummerweise fand die Ausstellung genau zum Beginn der Weltwirtschaftskrise statt, dem schwarzen Börsenfreitag in den USA. Da es sich um eine ibero-amerikanische Ausstellung handelte, können Sie sich vorstellen, dass ein großer Teil der Aussteller gar nicht erst angereist ist.

Es war die Zeit, als viele Gebäude und Parkanlagen an das Volk übergeben wurden, zum Beispiel der Parque Maria-Luisa. Am beeindruckendsten von den architektonischen Überbleibseln dieser Ausstellung ist sicherlich der Pláza de America mit seinen weißen Tauben. Wenn Sie da ein Foto machen wollen: Es gibt nicht nur 200 weiße Tauben, sondern auch Vogelfutterverkäuferinnen. Kaufen Sie ein Tütchen Vogelfutter, geben Sie das einem kleinen netten Mädchen in die Hand, warten Sie, bis alle Tauben sich auf das Kind gesetzt haben, und Sie haben ein wunderschönes Foto, das Sie mit nach Hause nehmen können.

Der mit Sicherheit imposanteste Platz Sevillas ist der Plaza España, der von dem leitenden Architekten Aníbal González errichtet wurde. Auch er wurde speziell für die Ausstellung von 1929 ge-

Plaza de España

baut. Die Fläche beträgt 50.000 qm, von denen 19.000 qm bebaut sind. Die im Halbkreis um den Platz errichteten Gebäude sowie Nischen für alle 48 Provinzen Spaniens sollten symbolisieren, wie die südamerikanischen Kolonien vom spanischen Mutterland umfasst wurden – vielleicht hat ja auch diese Symbolik dazu beigetragen, dass viele Südamerikaner der Ausstellung fernblieben. Heute ist es derjenige Platz, wo Menschen hinkommen, die gerade geheiratet haben, um sich am Hauptbrunnen fotografieren zu lassen. Auch in Kinofilmen spielt der Platz immer mal wieder eine Nebenrolle – etwa in „Lawrence von Arabien", aber auch in der Star-Wars-Episode „Angriff der Klonkrieger".

Plaza de España

Die Kachel-Ornamente, mit denen der Platz groß-
zügig geschmückt ist, sind ebenfalls ein Symbol,
in diesem Fall für die Historie Sevillas in der Ke-
ramikkunst. Das ist das Handwerk, das im Stadtteil Triana besonders zur Geltung kommt.

TIP: Parken Sie Ihr Auto in der Nähe vom Pláza
de América. Von hier aus können Sie wunderbar
durch den Parque Maria Louisa zum Pláza de España spazieren. Nach der Besichtigung verlassen
Sie den Platz auf der gegenüber liegenden Seite.
Orientieren Sie sich nach links und spazieren an
der alten Tabakfabrik vorbei. Am Ende der Straße
sehen Sie auf der linken Seite das 5 Sterne Hotel
Alfonso XIII. Sie können das Hotel gerne besichtigen. Am Eingang steht der Portier und fragt
nach ihren Wünschen. Wenn Sie ihm sagen, dass

Sie gerne eine Tasse Kaffee trinken würden, sagt er Ihnen, dass Sie sich wie zu Hause fühlen dürfen. Wenn Sie ihn aber nur nach der Toilette fragen, schmeißt er Sie raus.

Rechts vom Hotel sehen Sie schon die Dorfkirche (Kathedrale) und die Altstadt Santa Cruz. Geradeaus kommen Sie zum Torre del Oro am Rio Guadalquivier

Den Rückweg können Sie entweder per Pedes, zum Teil mit der Straßenbahn oder mit einer der vielen Kutschen zurücklegen.

Die schönste Zeit, um Sevilla zu besichtigen, ist mit Sicherheit der April. Dort haben wir die Feria de Abril, ein Frühlingsfest von einer Woche Dauer, bei dem in der ganzen Stadt Ausnahmezustand herrscht. Sie können die besten Stierkämpfe in der größten Stierkampfarena Andalusiens ansehen. 14.000 Sitzplätze bietet die Arena – aber achten Sie bitte darauf, dass Sie keinen Sonnenplatz bekommen.

Besonders bei dieser Feria ist auch, dass die ganze Stadt sich umzieht. Fast alle Frauen aus Sevilla tragen wunderschöne Flamencokleider. Auch werden in dieser Zeit die Kommunionen abgehalten. Die Jungs sehen so aus, als würden sie gleich aufbrechen, um zur See zu fahren, die Mädchen sehen aus, als würden sie gleich heiraten. Zudem ist die ganze Stadt zu dieser Zeit in Lila getaucht, weil es die Zeit der Jacaranda-Blüte ist. Falls Ihnen Jacaranda kein Begriff sein sollte: Das Holz des Jacaranda-Baums hört auf den schönen Namen Palisanderholz.

Granada

Eine Stadt als Weltkulturerbe, mit einer Burg, die es im Jahr 2007 fast in die Liste der sieben neuen Weltwunder geschafft hätte, das kann doch nur Granada sein. Richtig. Aber bevor Sie sich in die altehrwürdige Geschichte dieser Hauptstadt des letzten maurischen Reiches auf europäischem Boden stürzen, sollten Sie wissen, dass es sich heute um eine sehr jugendliche Stadt handelt. Dafür sorgt vor allem die Universität: Von den

238.000 Einwohnern sind über 70.000 Studenten, die 114 Fachrichtungen studieren können. Die Hauptfachrichtungen sind Medizin und Pharmazie: Alle Apotheker Andalusiens kommen aus Granada.

Wenn Sie allerdings hier in die Apotheke gehen, denken Sie dran: Nur der Apotheker selbst hat hier studiert – die Verkäuferin, die Ihnen für jeden Schmerz das gleiche Antibiotikum über den Tresen reicht, natürlich nicht.

Passend zur Studentenherrlichkeit hält Granada den Weltmeistertitel im Botellón. La botella – die Flasche. El botellón – das Massenbesäufnis. Sevilla hatte mit der Rekordjagd angefangen: 18.000 Studenten haben sich an einem Mittwochmorgen getroffen und sich volllaufen lassen. Dann hat Granada gekontert: 25.000 Leute versammelten sich an einem Freitagmorgen. Am Ende hatten alle über 2 Promille und kannten ihre Muttersprache nicht mehr, der Rekord war geschafft.

Dann wollte Barcelona nachziehen, die hätten es allein aufgrund ihrer Größe locker geschafft, Granada zu übertreffen, die Stadt hat schließlich zehnmal mehr Einwohner. Aber dann wurde den Barcelonesen das Botellón polizeilich verboten. Da

Platz der Königin

gab es mehr als 100 Verletzte – nehmen Sie mal `nem Betrunkenen die Flasche weg.

Touristen erkennt man in Granada daran, dass sie nach oben schauen. Das sind zum einen die Berge im Hintergrund, die Ausläufer der Sierra Nevada, keine 40 Kilometer entfernt. Das, was da glänzt, ist Schnee – sogar im Hochsommer, wenn in der Stadt selbst die Temperatur die 40 Grad übersteigt. Granada selbst liegt bereits etwas über 700 Meter hoch, aber in der "Sierra Nevada" gibt es acht Berge über 3.000 Meter. Der Höchste mit 3.478 Metern, heißt Mulhacen. Es ist schon ein bisschen gewöhnungsbedürftig, wenn man nachmittags in Granada im T-Shirt herumläuft und es kommt einem jemand mit einer Schiausrüstung entgegen – aber die Sierra Nevada ist nun mal Spaniens beliebtestes Schigebiet. Über die Ortschaft Pradollano (auch Sol y Nieve genannt) erreicht man den Gipfel des Pico del Veleta über die höchstgelegene Landstraße Europas. Mit dem eigenen Wagen kann man diese aber nur noch bis zur Hoya de la Mora (2500 m) befahren. Will man hoch bis zum Veleta, muss man zu Fuß, mit dem Fahrrad oder mit Bussen des Nationalparks weiter. Sol y Nieve ist ein künstlich entstandener Wintersportort, in dem 1995 die alpine Skiweltmeisterschaft stattfinden sollte. Da aber ausgerechnet in jenem Jahr in der Sierra Nevada Schneemangel herrschte, wurde sie auf das Jahr 1996 verschoben und als Alpine Skiweltmeisterschaft 1996 ausgetragen. Im Winter jedoch kann es auch in Granada selbst empfindlich kalt werden. Schnee fällt eigentlich in jedem Winter, und anders als an der Küste haben die meisten Wohnungen hier auch eine Heizung.

Die meisten nach oben gerichteten Blicke gehen aber natürlich zu den drei Hügeln, aus denen die Stadt Granada besteht. Einen davon sollten Sie ausgiebig besichtigen, die Alhambra. Früher haben da über 2000 Menschen gewohnt, eine Stadt in der Stadt – wir kommen gleich noch einmal dorthin. Der zweite Hügel ist der Albayzin oder Albaicin, der arabische Berg. Das heißt: Ganz früher war er arabisch, dann christlich, und heute ist er wieder arabisch.

Der Albayzin liegt gegenüber der Alhambra ober-

halb der Stadt und ist der schönste und älteste Stadtteil von Granada – nicht nur durch seine bekannte Aussicht auf die Alhambra (Pláza San Nicolas), sondern auch wegen der vielen kleinen pittoresken Gassen zwischen den überwiegend weiß getünchten Häusern. Wenn Sie gut zu Fuß sind, empfiehlt es sich, diesen Stadtteil per pedes zu erkunden. Ausgehend von der Calle Elvira durch den kleinen marokkanischen Zouk (Calderia). Dann Richtung Pláza San Miguel Bajo oder Richtung San Nicolas, von wo aus Sie die beste Aussicht auf die Alhambra haben. Und wenn Sie schon mal da sind, sollten Sie unbedingt bei Kike einkehren, ein kleines Restaurant oberhalb von San Nicolas. Fast täglich ist in diesem Stadtteil bis 14h ein Markt im Zentrum. Diejenigen, die es etwas bequemer haben möchten, können mit dem Bus ab Plaza Nueva hinauf fahren. Sagen Sie dem Busfahrer einfach Albayzin, dann ruft er die entsprechende Haltestelle aus.

Falls Sie einen Stadtplan vom Albayzin suchen: Vergessen Sie es. Es gibt keinen Plan, der alle Gassen aufzeigt. Auch wenn der Berg auf den ersten Blick wie ein Labyrinth erscheint, sie können sich nicht verirren.

Der dritte ist der Zigeunerberg – dort brauchen Sie nicht hinaufzugehen, die kommen runter zu Ihnen. Eine Bitte: Lassen Sie die Zigeunerinnen in Ruhe. Die versuchen, Ihnen Rosmarinzweige zu schenken. Lassen Sie sich auf keinen Fall darauf ein, denn die wollen schon ein bisschen Geld dafür, streng genommen dürfen die aus gesundheitlichen Gründen kein Hartgeld annehmen: Als nächstes werden sie Ihnen aus der Hand lesen und überall an Ihnen herumklopfen. Der Fachmann spricht davon, dass Sie desensibilisiert werden, so dass Sie gar nicht merken, wer da noch alles herumklopft.

Unterschätzen Sie mir nicht die Fingerfertigkeit dieser Menschen. Vor Jahren hat so ein Typ meiner Frau das Portemonnaie aus der Handtasche geklaut. Diesen Typen möchte ich gerne mal kennen lernen – wenn Sie wüssten, wie lange die immer an der Kasse sucht, bis sie ihr Geld findet, und der greift sich das einfach so im Vorübergehen. Damit könnte der meiner Meinung nach im Zirkus auftreten. Wenn ich Ihnen da einen Tipp geben darf: Sie brauchen keine Original-Ausweise in Granada, lassen Sie die im Bus oder im Hotel, nehmen Sie nur ein bisschen Geld mit, sonst können Sie ja die Zigeunerinnen nicht bezahlen. Die nehmen allerdings aus gesundheitlichen Gründen kein Hartgeld, sondern nur Papiergeld.

Oben an der Alhambra stehen dann auch Zigeunerinnen, die verkaufen Tischdecken. Die können Sie ruhig kaufen – aber am besten immer gleich sechs Stück: Die laufen beim Waschen so sehr ein, dass Sie sie dann als Tisch-Set benutzen können. Aber bitte denken Sie nicht, dass ich etwas gegen Zigeuner hätte: Immerhin handelt es sich um das einzige Volk in Europa, das in seiner

Geschichte noch nie einen Krieg geführt hat. Sollten Sie in Granada übernachten, dann sollten Sie die Flamenco-Show im Sacromonte besuchen...ein absolutes MUSS! Die Erfinder des Flamencos tanzen zu sehen ist ein absolutes High Light. Sie merken sofort, dass Tanzen für diese Menschen keine Arbeit ist, sondern reine Leidenschaft. Wenn Sie das Glück haben, dass bei der Flamenco Show auch japanische Gäste anwesend sind, dann erleben Sie pure Begeisterung von dieser Volksgruppe. Flamenco ist in Japan mittlerweile ein sehr beliebter Volkssport geworden.

Aber jetzt gehen wir, wie versprochen, noch einmal auf Granadas ersten Berg: DEN Berg, für den alle nach Granada kommen - die Alhambra. Das prächtigste Bauwerk jenes reichen, blühenden Landes, das Al-Andalus unter der Herrschaft der Kalifen von Córdoba war. Kunst und Wissenschaft waren weltberühmt, das Handwerk galt in ganz Europa als Vorbild. Für alle Kinder gab es Schulen, für die Einwohner der Stadt Krankenhäuser, Bibliotheken und Freizeitzentren. Die Straßen waren befestigt, und es gab überall Wasserleitungen – im christlichen Europa war solch ein Luxus unbekannt. Von solchen Bauten wie der Alhambra ganz zu schweigen.

Der Alhambra genannte Baukomplex ist eine für das Mittelalter typische Kombination aus einer befestigten Oberstadt mit einer noch einmal extra gesicherten Zitadelle für den Machthaber. Die Oberstadt beherbergte neben Adel und Militär auch die höher stehende Bürgerschaft, Kaufleute sowie wichtige Handwerker, die Zitadelle allein wird als Alcazaba (Oberstadt) bezeichnet.

Schon vor der Römerzeit wohnten Menschen auf dem Berg, auf dem heute die Burg steht. Nach der Eroberung der iberischen Halbinsel erbauten die Mauren eine Burganlage. Sie ist damit älter als die Stadt Granada selbst, die erst Mitte des 11. Jahrhunderts gegründet wurde. Wie die Burg in jener Zeit der berberischen Dynastien, der Almoraviden und Almohaden aussah, ist uns leider nicht überliefert. Die eigentliche Blüte der Alhambra begann 1238, als der damalige erste Nasridenherrscher, Mohammed ibn Yusuf ibn Nasr, seine Residenz von Jaén nach Granada verlegte und dort als Mohammed I. seine eigene Dynastie gründete, die Nasriden, die bis 1492 über das Emirat von Granada herrschten. Mohammed veranlasste den Bau der beeindruckenden Zitadelle auf dem Territorium der heutigen Alhambra. Die Befestigung der Alcazaba wurde im 13. und 14.

Jahrhundert errichtet. In der damaligen Zeit stand der Herrscherthron im Comares-Turm am Rande der Festung. So hatten die Emire stets ihr Land im Blick.

Unter Yusuf I. (1333–54) und Mohammed V. (1354–91) wurde die Oberstadt zum Regierungs- und Verwaltungssitz ausgebaut. Die Privatresidenzen der Emire befanden sich ebenfalls auf ihrem Territorium. Im Kellerraum des Comares-Turmes ließ Emir Abu l-Hasan Ali auf Betreiben seiner Geliebten Soraja seine Frau Aisha und den Kronprinzen, Muhammad (Boabdil), einsperren. Den beiden gelang jedoch der Legende nach in einem Korb, den Helfer außen am Turm herabließen, die Flucht.

Aber dennoch gab es für Boabdil kein Happy-End: im November 1491 musste er nach lang andauernder Belagerung kapitulieren und übergab die Festung am 2. Januar 1492 an die Katholischen Könige (spanisch Reyes Católicos). Damit fiel die letzte Bastion der Mauren in Spanien. Mit ihm erlosch das Nasridenreich.

Am 31. März 1492 erließen die Katholischen Könige Isabella von Kastilien und Ferdinand von Aragón hier das so genannte Alhambra-Edikt, in dem die Vertreibung aller nicht bekehrungswilligen Juden aus dem Königreich und aus allen spanischen Besitzungen angeordnet wurde. In der nun folgenden Schreckensherrschaft der christlichen Inquisition wurden Juden und Ketzer verfolgt, arabische Bücher verbrannt und die islamische Bevölkerung christianisiert.

Erst einmal bauten die Spanier weiter. König Karl I. (als Karl V. zugleich Kaiser des Heiligen Römischen Reiches) plante, Granada zum Regierungssitz des spanischen Königreichs zu machen. Deshalb ließ er einen großen Renaissancepalast auf der Alhambra errichten. Da sich auf Grund der Entdeckung Amerikas 1492 die Interessenschwerpunkte des Königreiches verlagert hatten, ließ man die Residenzpläne fallen – Granada liegt nun mal weder zentral noch am Meer. Der Palast Karls I. wurde nie fertiggestellt.

In den folgenden Jahrhunderten verfiel die Alhambra immer mehr – niemand wusste etwas mit der grandiosen Hinterlassenschaft vergangener Epochen anzufangen. Während der Besetzung Spaniens durch die Franzosen unter Napoleon richteten die napoleonischen Soldaten zwar zunächst das alte Bewässerungssystem und die Gärten wieder her, sprengten dann aber bei ihrem Rückzug Teile der Alhambra, um zurückgelassene

Munition nicht in die Hände der Spanier fallen zu lassen.

Seitdem man die Alhambra im 19. Jahrhundert wieder entdeckte, finden Restaurierungs- und Instandsetzungsarbeiten statt. Einiges von dem, was in der Frühzeit der Restaurierung stattfand (z.B. Kuppelbauten über den Pórticos des Patio de Leones) wurde später zugunsten eher wahrscheinlicher Bauelemente geändert. Ergebnis ist der Zustand, den Sie heute vor sich sehen – und den ich Ihnen noch ein bisschen näher beschreiben möchte.

Der Gesamtkomplex der Alhambra kann grob in vier Teile zerlegt werden: den Generalife außerhalb der Festungsmauern, die Medina, die Paläste der Nassriden und die Alcazaba. Oberhalb des Generalife befinden sich die Ruinen der Silla del Moro ('Sitz des Mauren', auch Castillo de Santa Elena) und noch darüber, auf dem Gipfel des Cerro del Sol, befindet sich das Dār al-ʿarūsa ('Haus der Braut').

Das Verteidigungssystem mit der Alcazaba: Die Alhambra ist ringsherum von einer türmebewehrten Stadtmauer umgeben. Die Alcazaba (von arab. al-qasba) bildet einerseits das Bollwerk der Alhambra, andererseits grenzt sie sich vom Rest der ummauerten Anlage durch hohe Türme und Mauern ab. Von hier aus führen auch Mauern zu den Torres Bermejas außerhalb der Alhambra auf der anderen Seite des Bosque ('Wald') de la Alhambra. Diese Mauer wird heute durch das im 16. Jahrhundert errichtete Tor „Puerta de las Granadas" unterbrochen. Eine weitere Mauer führte in Richtung des Albaicín über die heute als Puente del Cadí bekannte Brücke.

Die Nasridenpaläste: Die Nasridenpaläste (Palacios Nazaries) mit ihren Gärten (z.B. el Partal) sind das Herzstück der Alhambra. Hier befanden sich sowohl die Privaträume der arabischen Herrscher als auch der Regierungssitz. Die Wände sind mit Arabesken und arabischen Schriftzügen aus Stuck versehen, die Kuppeln auf der Innenseite mit Muqarnas verziert. Hauptkomplex ist der Alcázar mit dem Thronsaal (Sala de Embajadores) im Comares-Turm und dem Löwenhof. Hier befindet sich eines der berühmtesten Stücke der Alhambra: Dort steht ein von zwölf steinernen Löwen getragener Springbrunnen, der dem Ambiente den Namen Patio de los leones gegeben hat. Am Rand des Brunnens ist ein Spruch des Dichters Ibn Zamrak zu lesen: Selig ist das Auge, das diesen Garten der Schönheit sieht. In der anschließenden Sala de los Reyes ist eine beispiellose Kühnheit zu sehen: Obwohl es im Islam bekanntlich ein strenges Bilderverbot gibt, sind auf einem Deckengemälde zehn Personen dargestellt. Diese werden auch als die ersten Emire der Nasriden gedeutet, doch konnte diese Theorie bislang nicht bestätigt werden.

Für den Palast Karls V. wurden Teile der Nasridenpaläste abgerissen. Das zweistöckige, beinahe kubisch anmutende, um einen runden Innenhof errichtete Gebäude im Renaissance-Stil, das Karl V. im Jahre 1527 in Auftrag gab, wurde nie richtig fertiggestellt – aus den Hauptstadtplänen war ja bekanntlich nichts geworden. Nach Jahrhunderten als Bauruine bekam der Palast erst im 20. Jahrhundert ein Dach. Seit 1958 befinden sich darin unter anderem das Museum der schönen Künste und das Museum der Alhambra. An der Nordostecke des Palastes befindet sich eine achteckige Kapelle, die möglicherweise von der Aachener Pfalzkapelle inspiriert wurde, in der Karl V. 1520 zum Kaiser gekrönt wurde.

Die Palaststadt: In der Medina der Alhambra befinden sich heute hauptsächlich Gärten und Fundamente der ursprünglichen Bebauung (Werkstätten, Wohnquartiere) sowie diverse weitere Gebäude, zum Beispiel die Kirche Santa María de la Alhambra und ein dem Franz von Assisi geweihtes Kloster, in dem heute ein Parador-Hotel untergebracht ist.

Der Generalife: Dieser Sommerpalast neben der Festungsmauer hieß auf Arabisch Ǧanna(t) al-Arif (‚Garten des Architekten‘), woraus im Spanischen dann das Wort Generalife wurde. Ein Spazierweg unter Zypressen führt zu den Gartenanlagen. Im Palacio de Generalife befindet sich der Acequia-Hof mit seinen Wasserspielen.

Mit diesem großartigsten Bauwerk Andalusiens können Sie auch eines der letzten großen Abenteuer Andalusiens erleben. Sie müssen nur versuchen, auf eigene Faust und ohne Voranmeldung eine Eintrittskarte für die Alhambra zu bekommen. Es wollen nämlich täglich 12.000 Leute in die Alhambra hinein – aber mehr als 8.000 werden nicht zugelassen. Und dabei haben Reisegruppen, die im voraus reserviert haben, selbstverständlich Vorrang. Bevor Sie all die gut gelaunten Menschen mit den Reiseveranstalter-Aufklebern an Ihnen vorbei in diese wirklich einmalige, traumhaft schöne Residenz der maurischen Fürsten des späten Mittelalters strömen lassen, nur um nach stundenlangem Schlangestehen doch wieder unverrichteter Dinge abziehen zu müssen, empfehle ich Ihnen, lieber den Albaicín zu besteigen, das alte Zentrum der maurischen Besiedlung, und sich dort auf die zentrale Plaza de San Nicolás zu begeben. Von dort aus haben Sie nämlich den schönsten Blick auf die Alhambra, den man sich nur vorstellen kann – viel schöner als von der Schlange vor deren Kassenhäuschen aus.

Und wenn Sie noch ein bisschen erleben wollen, wie das Leben in dieser mittelalterlichen Mischung aus Mauren und Christen gewesen sein könnte: Besuchen Sie in der Innenstadt von Granada den Bazar gleich neben der Kathedrale (Catedral de la Encarnación) zwischen Pláza de Bibrambla und Pláza Nueva. Mehr maurisches Flair kriegen Sie diesseits der Säulen des Herkules allenfalls noch in Berlin-Neukölln geboten.

Córdoba

Ja, die Stadt hat schon bessere Zeiten gesehen. Vor bald elfhundert Jahren. Im Jahr 929 wurde in Córdoba nämlich Andalusien geboren, als Abd-ar Rahman III. das Kalifat Al-Andalus ausrief. Ein Emirat Al-Andalus gab es damals zwar schon fast zweihundert Jahre lang, aber dabei handelte es sich um eine von Damaskus aus regierte Provinz. Das Kalifat hingegen war eine Macht für sich und herrschte über die halbe iberische Halbinsel. Die südliche Hälfte natürlich: Die Mauren hatten eigentlich nie vorgehabt, sich in Nordspanien niederzulassen, auch nicht in den Pyrenäen oder in Frankreich – das Klima war dort unpassend für diese Wüstensöhne. Hier unten im Süden, um Córdoba herum, herrschte Frieden, während im Norden Spaniens die Christen gegen die maurischen Festungen anrannten. Und weil das Kapital sich mitten im Kampfgetümmel noch nie besonders wohl fühlte, floss es in der damaligen Zeit von Nord- nach Südspanien. Und vor allem natürlich in die Hauptstadt, nach Córdoba, am Rio Guadalquivir. Von der Puente Romano am Rand der Altstadt, der Römischen Brücke (die natürlich nicht mehr so aussieht wie vor 2000 Jahren), können Sie sich den besten Eindruck verschaffen, wie wichtig dieser Fluss als Lebensader für die Stadt und die Region ist – vor allem, wenn es im Sommer bei Temperaturen um oder über 40 Grad mehrere Monate lang keinen Tropfen regnet.

Córdoba ist sicherlich um die vorletzte Jahrtausendwende eine der größten und schönsten Städ-

Pestsäule an der Mezquita

te der Welt gewesen. Einige Forscher behaupten, dass in der Stadt zuzüglich der Peripherie um das Jahr 1000 herum eine Million Menschen gelebt haben sollen – mehr als eine halbe Million waren es in jedem Fall. Nachgewiesen sind für die damalige Zeit 115.000 Wohngebäude, 900 öffentliche Badeanstalten und etwa 1100 Moscheen. Als im Rest Europas noch das finsterste Mittelalter herrschte, waren hier die Straßen schon nachts beleuchtet!

Die Mauren, die damals Andalusien beherrschten, waren ja eine Hochkultur. Ohne die Vermittlung großer maurischer Gelehrter wäre der größte Teil der klassischen abendländischen Kultur gar nicht bis zu uns überliefert worden. Mit den islamischen Fundamentalisten von heute haben die Moslems von damals überhaupt nichts zu tun: Die Selbstmordattentäter fand man eher in den Kreisen der christlichen Befreiungskämpfer. Im moslemischen Córdoba der vorletzten Jahrtausendwende durften Frauen studieren, die Christen kamen erst 900 Jahre später auf diese Idee. Der Hauptstudiengang in Córdoba war damals Jura, aber auch die Mediziner waren weltberühmt: Christliche Edelleute kamen von weit her ins Feindesland, um sich in Córdoba operieren zu lassen. Die Bibliothek von Córdoba war die weltgrößte Bibliothek der damaligen Zeit.

Heute beherbergt Córdoba mit 329.000 Einwohnern nur noch einen Bruchteil der Bevölkerung vergangener Glanzzeiten. Der Hauptgrund für den Niedergang der Stadt nach dem Ende der maurischen Herrschaft war der Verfall des ausgeklügelten Bewässerungssystems, mit dem die Mauren das Wasser des Guadalquivir auf ihre Felder leiteten. Erst im 20. Jahrhundert wurde der alte Stand der Bewässerungstechnik wieder erreicht. Doch eine Traditionslinie ist über all die Jahre konstant geblieben: In Córdoba lebt immer noch das Kapital von Andalusien. Einem Cordobesen, so Sie einen treffen, können Sie also getrost unterstellen, dass er eher vermögend ist.

In Córdoba haben Sie die Möglichkeit, den alten Bischofssitz zu besichtigen, und natürlich die weltberühmte Moschee-Kathedrale, die Mezquita de Córdoba: Die drittgrößte Moschee der Welt (wenn sie denn als Moschee genutzt werden dürfte) steht hier bei uns in Spanien, sie ist das bedeutendste Bauwerk der Stadt. Der Emir Abd ar-Rahman I. begann 785 mit dem Bau einer Moschee, die mehrfach erweitert wurde und sich heute über mehr als 23.000 qm erstreckt. Etwa 860 Marmorsäulen in parallelen Reihen tragen jeweils zwei übereinanderliegende Bögen und bewirken so ein besonderes Spiel von Licht und Schatten. Die Einheimischen sprechen zwar vom Saal der 1000 Säulen – aber das mit der Zahl 1000 sollte man eben nicht so genau nehmen: Tausendfüßler kommen ja auch mit wesentlich weniger als 500 Paar Schuhen aus. Die wohl bedeutendste Gebetsnische maurischer Herkunft in der Moschee ist die um das Jahr 960 von al-Hakam II. erbaute Mihrab, ein gewölbter Schrein mit byzantinischen Mosaiken.

Als die Christen 1236 die Stadt eroberten, fanden Sie eine Moschee vor, die so riesig und so schön war, dass sie sich keine Änderungen zutrauten. Während in anderen eroberten Städten des maurischen Spaniens die Moscheen meistens zu Kirchen umgebaut wurden, wurde die Mezquita de Córdoba zwar als Kirche geweiht, ansonsten aber nicht verändert. Erst Kaiser Karl V., den die Spanier Carlos I. nennen, befahl fast 300 Jahre später, eine Kathedrale in die Moschee zu integrieren, ohne die Moschee dabei zu beschädigen. Das ist eigentlich auch sehr gut gelungen, ein bisschen so wie bei den russischen Matrioschka-Puppen: Man macht die Moschee auf und findet in der Mitte eine Kirche.

Ganz in der Nähe der Moschee-Kathedrale können Sie den alten Alcazar de los Reyes Cristianos besichtigen, eine im 14. Jahrhundert auf dem Grundriss eines älteren arabischen Schlosses erbaute Schlossanlage. In den Räumen des Palastes befinden sich unter anderem zwei Mosaiken aus dem 2. Jahrhundert und einige römische Sarkophage aus dem 3. Jahrhundert. Auch die Gärten des Alcazar sind sehr sehenswert. Ganz in der Nähe des Alcazar sind die Baños Califales für die Öffentlichkeit zugänglich – im 10. Jahrhundert erbaute Bäder. In Deutschland gab es damals allenfalls Holzbottiche, in denen einmal die Woche das Wasser gewechselt wurde. Über Tafeln und

Videos wird die ausgeklügelte Funktionsweise dieser alten arabischen Bäder erklärt.

In der Altstadt von Córdoba lohnt sich zudem ein Besuch des ehemaligen Judenviertels, in dem noch eine Synagoge aus maurischer Zeit erhalten ist – die letzte jener 300 Synagogen, die es damals in al-Andalus gab. Die Mauren waren sowohl ihren christlichen als auch ihren jüdischen Untertanen gegenüber sehr tolerant – schließlich finanzierten sie die moslemischen Herrscher durch die Zahlung des Dhimmi, einer speziellen Steuer nur für Ungläubige. Die christlichen Spanier hingegen gingen nach der Reconquista wesentlich rabiater gegen Andersgläubige vor. Sowohl Moslems als auch Juden trieben sie ins Meer, und nur hin und wieder erlaubten sie ihnen dabei, ein Boot zu besteigen.

Wenn Sie die Stadt Córdoba heute besichtigen, empfehle ich Ihnen, das auf jeden Fall mit einem Reisebus zu machen, wenn Sie das erste Mal dort sind. Sie können zwar auch versuchen, auf eigene Faust mit einem Leihwagen in die Altstadt hinein und auch wieder aus ihr heraus zu kommen, aber von denen, die das versucht haben, habe ich noch keinen jemals wiedergesehen. Bei der Straße nach Córdoba hinein handelt es sich um die alte

Möbelstraße Andalusiens, denn zwischen Málaga und Córdoba gab es einen Möbelhersteller nach dem anderen. Wir sind es auch immer noch gewohnt, die Einzelteile für ein neues Haus in ganz Andalusien zusammenzusuchen – irgendeinen Grund muss es ja dafür geben, dass an der Costa del Sol die Häuser doppelt bis dreimal so teuer sind wie in Deutschland.

Sollten Sie das Glück haben, im Mai nach Córdoba zu fahren, können Sie die Stadt auf Ihnen sonst verschlossenen Pfaden erkunden. Dann wird nämlich der schönste Patio der Stadt gekürt. Über 40 Patios, also Innenhöfe, stehen dann zur Wahl – und in den kühlen, schattigen Patios spielt sich in den heißen Mittelmeerländern der größte Teil des Lebens ab. Es ist ein wahres Blumenmeer, das dort auf einen einströmt; welcher Hof zum Patio des Jahres gekürt wird, ist da eigentlich Nebensache.

Pláza de la Corredera

Dies ist einer der beeindruckendsten Plätze der Stadt. Stilelemente der andalusischen Architektur sucht man hier vergebens. Die Gebäude sind im kastilischen Stil gehalten. Damit ähnelt der Platz jenen, wie man sie eher in Madrid oder Salamanca vorfindet. Sein heutiges Erscheinungsbild hat

der Platz seit dem 17. Jahrhundert; es wurde von dem Architekten Antonio Ramos aus Salamanca entworfen. Ursprünglich war der Platz Austragungsort von Stierkämpfen und Pferderennen. Heute genießt man den Aufenthalt in einem der vielen Cafés und Tavernen oder schaut in einen der kleinen Läden unter den schönen Bogengängen.

Plaza de los Capuchinos

Ein bisschen versteckt, aber absolut lohnenswert finden Sie diesen kleinen Platz abgeschieden vom Touristenrummel.

Hier befindet sich die Jesus-Statue "Cristo de los Faroles", die von den Einwohnern Córdobas verehrt wird.

Plaza de las Tendillas

Wenn Sie von der historischen Altstadt Richtung dem modernes Zentrum Córdobas gehen, finden Sie den Plaza de las Tendillas. Der Platz mit seinem großzügigen Fußgängerbereich ist ein beliebter Treffpunkt. In seiner Mitte steht ein Reiterstandbild des Gran Capitan. Zahlreiche Springbrunnen und Wasserspiele sorgen an warmen Sommerabenden für eine angenehme Atmosphäre auf dem Platz. Seinen Namen (Platz der kleinen Läden) verdankt dieser Ort den vielen kleinen Geschäften, die es einst hier gab.

Málaga

In Málaga haben Sie wahrscheinlich Ihren allerersten Eindruck von der Costa del Sol bekommen, denn etwa 99 Prozent aller ausländischen Touristen, die zu uns kommen, landen auf dem Flughafen Pablo Picasso von Málaga. Und derzeit ist dieser erste Eindruck ja auch wahrlich standesgemäß: Funkelnde neue Fassade und eine wunderschöne Fussgängerzone, „Calle Larios", vom Pláza de la Merced bis hinunter zum Hafen. Der Flughafen hat eine 2. Start- und Landebahn spendiert bekommen. Die wird ja dringend gebraucht, weil von jedem Flughafen Europas aus mindestens zwei Billig-Airlines hier zu uns fliegen wollen, nämlich Easyjet und Ryanair. Doch das ist praktisch: Als meine Tochter vor einigen Jahren ihr Soziales Jahr im tiefsten Nordthüringen absolvierte, hatten wir eine wunderschöne und günstige Direktverbindung, mit Ryanair von Malaga nach

Cochstedt und zurück. Man darf nur nicht den Fehler machen, dann bei Ryanair eine Cola zu bestellen – dann ist man nämlich wieder beim ganz normalen Flugpreis.

Was der Flughafen an Baukränen zu viel hatte, hatte die Altstadt von Málaga zu wenig. Die Bauarbeiter hatten immer so viel an der Küste zu tun, dass sie es nie geschafft haben, sich um die Häuser in der Altstadt zu kümmern, die denn auch zu einem großen Teil sehr heruntergekommen aussehen. Leider Gottes steht in Málaga-Zentrum jedes zehnte Haus leer, weil es baufällig ist. Zum Teil weiß man nicht einmal mehr, wem diese Häuser überhaupt gehören – das macht das Restaurieren auch nicht einfacher.

Málaga ist die Hauptstadt der gleichnamigen Provinz, hat knapp 568.000 Einwohner und kaum Langzeittouristen. Es ist eine Stadt, in der niemand seinen ganzen Urlaub verbringen möchte, aber für Tagesausflüge eignet sich Málaga ganz hervorragend. Das haben auch die Kreuzfahrer gemerkt. An der sehr großen Hafenanlage machen bis zu 35 Kreuzfahrtschiffe pro Monat für jeweils ein paar Stunden oder auch für eine Übernachtung fest. Der japanische Anteil dabei ist sehr hoch. Die Leute kommen in Málaga an, strömen aus den Schiffen heraus, schauen sich die andalusischen Städte an und ziehen dann weiter. Die Queen Elizabeth II war schon mehrfach da, aber auch die Gorch Fock – wobei man bei der ja kaum von Kreuzfahrt sprechen kann. Aber die Jungs von unserer Marine segeln wohl auch lieber durchs Mittelmeer als um Kap Hoorn.

Was sollten Sie sich vornehmen, wenn Sie einen Tagesausflug nach Málaga einplanen? Dreierlei: Picasso-Museum, Gibralfaro-Festung, Kathedrale. Ich nehme Sie mal kurz dorthin mit.

Fangen wir mit dem aktuellen Top-Act der Stadt

Pablo Picasso

an: dem Picasso-Museum, besser gesagt, den Picasso-Museen, denn es gibt zwei in der Innenstadt – sein Geburtshaus an der Plaza de la Merced und ein von seiner Schwiegertochter gegründetes Museum mit Werken des Künstlers in einem Renaissancepalast in der Calle San Augustin. Pablo Picasso selbst war eher froh, als er seinem vor hundert Jahren doch sehr provinziellen

Geburtshaus Pablo Picasso

Heimatstädtchen entfliehen konnte. Und auch die Stadt Málaga hat sich mit ihrem größten Sohn lange schwer getan: Wegen seines glühenden Hasses auf die Franco-Diktatur hat er hier offiziell viele Freunde und inoffiziell eine ganze Menge zäher Feinde. So wurde hier das Picasso-Museum erst 30 Jahre nach seinem Tod eröffnet.

Auch die Geschichte, welch die Malageños, so heißen die Bewohner Málagas, (unter den Einheimischen „Boquerones") mit ihrer Kathedrale La Manquita verbindet, ist ganz schön holprig.

Anders als etwa in Sevilla oder Córdoba haben sie nicht einfach eine maurische Moschee zur Kathedrale umgetauft, sondern lieber die vorhandene Moschee abgerissen, um dann auf deren Grundmauern eine neue Kirche zu bauen. 1528 fingen sie damit an, sechzig Jahre später haben sie erschöpft erst mal aufgehört; aber bis heute sind sie nicht fertig geworden – der zweite Turm fehlt. Von den ursprünglich geplanten zwei Türmen ist nur der Nordturm vollendet, der Südturm oder das, was einmal der Südturm werden sollte, ragt kaum über die Fassade hinaus. Deshalb wird die Kathedrale auch „die Einarmige" genannt oder eben „La Manquita" – die, der etwas fehlt. Das betrifft übrigens nicht nur den Südturm: Die Andalusier haben es in all den Jahrhunderten nicht fertig gebracht, die Kathedrale auch wetterfest zu machen, es tropft überall durch. In der Trockenzeit ist der dreischiffige Innenraum mit einer Länge von 115 und einer Höhe von 52 Metern jedoch sehr beeindruckend, genauso wie die prächtige Ausstattung mit Gemälden, Schnitzereien und Skulpturen.

Wesentlich solider gebaut ist der Gibralfaro, die letzte Festungsanlage der maurischen Herrscher und seit 1931 nationales Kulturerbe. Errichtet wurde sie im 11. Jahrhundert vom damaligen Herrscher Málagas, dem Sultan Badis. Seinem Wunsch entsprechend entstand eine Mischung aus Palast und Festung, die vom Hügel über die Stadt wachte. Mit drei Außenmauern auf einem steilen Felsen wirkt sie schier uneinnehmbar, und tatsächlich ist die Festung auch nie eingenommen worden: Der letzte maurische Kommandant übergab 1487 den Schlüssel an die christlichen Belagerer. Deswegen können Sie dort noch heute die besterhaltenen Soldatenunterkünfte der damaligen Zeit besichtigen. Ebenfalls für Sie zugänglich sind die Palasträume der Nasriden, des maurischen Herrschergeschlechts, sowie die Wohnräume des Hofstaates.

Den Weg zur Festung können Sie über eine Treppe von der Altstadt aus zurücklegen oder Sie schlängeln sich mit Auto oder Bus in Serpentinen den Berg hoch durch einige der besten Wohngegenden der Stadt. Wenn Ihnen auf diesem Weg eine ganze Kompanie keuchender Radfahrer begegnet, wissen Sie genau: Unten am Kai liegt die „Aida" – niemand außer den Fitnessfreunden auf diesem Clubschiff kommt auf die Idee, mit dem Fahrrad zur Burg zu strampeln.

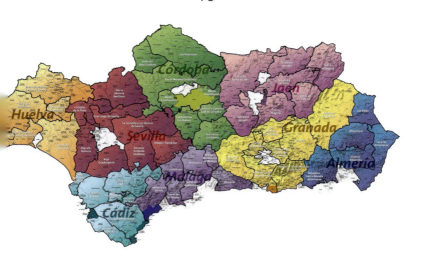

Casares

Frigiliana

Camenito del Rey

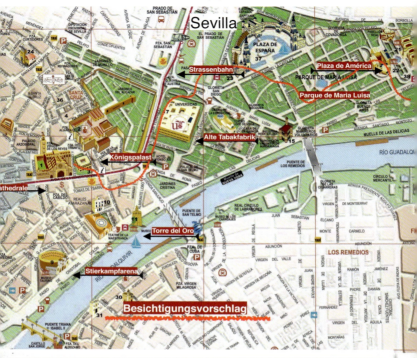

Sevilla

Strassenbahn

Plaza de América

PARQUE DE MARÍA LUISA

Parque de María Luisa

Alte Tabakfabrik

Königspalast

Kathedrale

Torre del Oro

Stierkampfarena

Besichtigungsvorschlag

Königspalast

Plaza de España

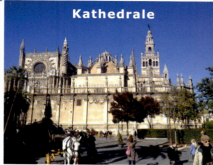

Kathedrale

Plaza de América

Iglesia del Salvador

Giralda

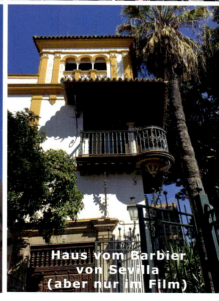

Haus vom Barbier von Sevilla (aber nur im Film)

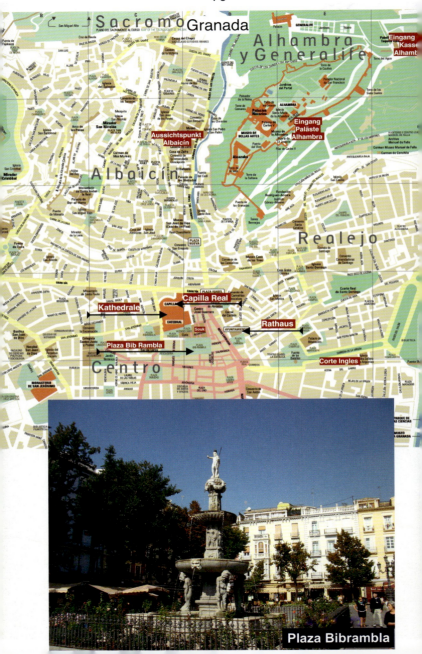

Plaza Bibrambla

Albayzin

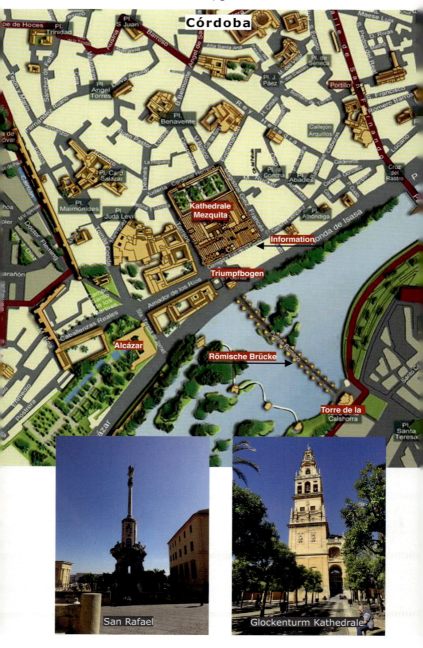

Córdoba

Kathedrale Mezquita

Information

Triumpfbogen

Alcázar

Römische Brücke

Torre de la Calahorra

San Rafael

Glockenturm Kathedrale

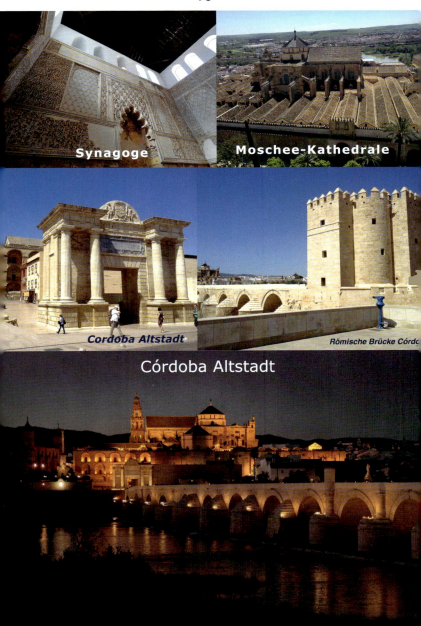

Synagoge

Moschee-Kathedrale

Cordoba Altstadt

Römische Brücke Córdo

Córdoba Altstadt

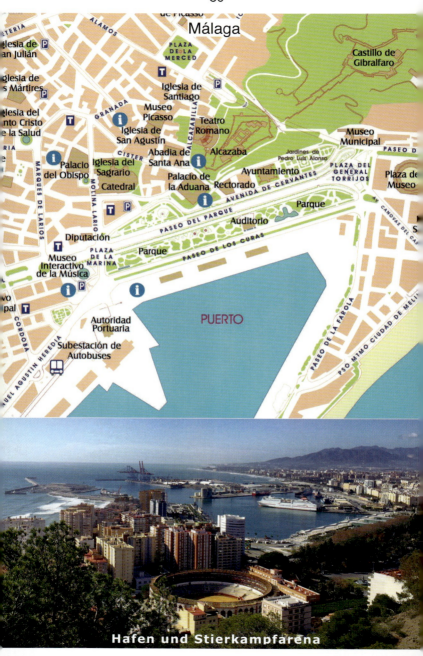

Hafen und Stierkampfarena

Markthalle Málaga

Kathedrale

Gibralfaro

Römisches Theater

Plaza de la Mercéd

Marmorbogen Marbel

Virgen de los Dolores

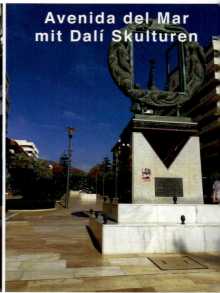

Avenida del Mar
mit Dalí Skulturen

Plaza de los Naranjos

Rhinozeros von Dalí
(Nashorn in Spitzenkleid)

Puerto Marina Benalmádena

RONDA

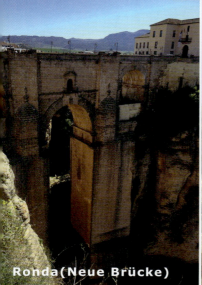

Ronda(Neue Brücke)

Ronda Zentrum

Grenzübergang nach Gibral

Bucht von Gibralt

Seilbahn und Affenrefugio

Casemate Platz und Eingang zur Main Street

Tetouan Königspalas

Historischer zweibeiniger Wasserspender

Júzcar

Antequera

Unterhalb des Alcazaba finden Sie das römische Theater. Das römische Theater in Málaga entstand

bereits im ersten nachchristlichen Jahrhundert unter dem römischen Kaiser Augustus. Danach wurde es für kulturelle Veranstaltungen bis zum dritten Jahrhundert genutzt, doch dann verfiel das Bauwerk zusehends. Im achten Jahrhundert benutzten die Araber dann große Teile davon zum Bau der nahen Alcazaba. Verschiedene dieser originären Bestandteile des Teatro Romano finden sich auch heute noch in der Alcazaba von Málaga. Danach wurde das Theater für viele Jahrhunderte nicht mehr genutzt und verfiel immer mehr. Erst 1951 wurde es durch Bauarbeiten wieder entdeckt und irrtümlicherweise für einen römischen Circus gehalten, was sich aber später als Irrtum herausstellte. Das Theater lässt sich wunderbar besichtigen und begehen.

Einen ganz besonderen architektonischen Leckerbissen hat sich Málaga mit der Markthalle im Stadtzentrum geleistet. Sie hat ein gewisser Gustave Eiffel gebaut, gleiches Material wie der Eiffelturm, nicht ganz so hoch, aber wunderschön anzusehen – eine der eindruckvollsten Markthallen der Welt.

Das größte Volksfest der Stadt ist die Feria de Málaga im August. Zehn Tage Ausnahmezustand, niemand geht mehr arbeiten, selbst die Polizei hat frei. Und damit auch jeder mitfeiern kann, laufen vor dem Feriagelände Kredithaie umher, die Ihnen zwischen drei- und fünftausend Euro leihen. Das kostet Sie zwar bis zu 35 Prozent Zinsen und Sie können einige Jahre lang mit dem Abzahlen beschäftigt sein – aber dafür können Sie zehn Tage lang einen auf dicke Hose machen.

Auf der Feria eher selten getrunken, weil zu schwer, wird der Málaga-Wein, der geschichtlich gesehen erste Exportschlager der Stadt. Insgesamt gibt es sechzehn verschiedene Typen davon, die aber alle aus den weißen Trauben der Rebsorten Muskateller und Pedro Jiménez hergestellt werden. Und die Trauben, die für den Wein zu schade waren, werden seit alters her zu Rosinen verarbeitet. In Málaga-Wein getränkt finden Sie

sie dann wieder in der Eisdiele bei sich zuhause um die Ecke.

Seit 2015 gibt es direkt am Hafen auch ein fest installiertes Riesenrad mit einem Durchmesser von 70 Metern von dem man einen guten Rund-blick hat auf den Hafen, Gibralfaro und die Alt-stadt. Eine 15 minütige Fahrt kostet 10 €.

Marbella

Die „Joya de la corona", das Kronjuwel der Costa del Sol, so lässt sich Marbella gerne nennen. Der Badeort der Schönen, Reichen und Berühmten, die Stadt des großen Geldes und der großen Parties, ein Traum in Gucci und Versace. „Ach ja, so war das damals", seufzen wir, und reden von der guten alten Zeit, als Schönheit, Reichtum und Ruhm noch echt waren.

Die alten Zeiten waren nicht immer gut in dieser schon sehr alten Stadt. Bereits in der Bronzezeit lebten hier Menschen, die älteste Besiedlung wird auf 3600 Jahre geschätzt. Vermutlich würde man in den Höhlen, die es in unseren Bergen hier reihenweise gibt, noch weit ältere Zeugnisse menschlicher Behausung finden – so lichtscheu wie die Menschen hier seit jeher sind – aber sie auszugraben wäre ja mit Arbeit verbunden. Die Römer nannten den Ort Salduba und buddelten nach Bodenschätzen und Thermalquellen, die Araber bauten ein Schloss und befestigten den Ort mit einer gewaltigen Stadtmauer, so als hätte es dort etwas zu erobern gegeben – aber mehr als ein paar Fische und Marktstände gab es in Marbella nicht. Nach der Eroberung durch die

Christen im Jahr 1485 sollte sich das auch für weitere vier Jahrhunderte nicht ändern. Kein Mensch interessierte sich für die Stadt, obwohl sie übersetzt doch „schönes Meer" heißt.

Dann, um die Wende zum 20. Jahrhundert, kamen die Engländer. Allerdings nicht als Touristen, sondern als Bergwerksingenieure. In Marbella wurde Eisenerz verhüttet, das Fischerdorf mauserte sich zur Industriestadt. Ziemlich genau dort, wo heute eine mit Dali-Skulpturen gesäumte Promenade vom Strand zur Altstadt führt, verlief damals eine Bahnlinie zu einem eisernen Anlegesteg, an dem die Erzfrachter beladen wurden. Und der erste Hochofen Andalusiens stand an der Mündung des Rio Verde – also genau dort, wo sich heute der Yachthafen Puerto Banús befindet.

Der Pirulí, der Kupferturm an der Einfahrt zur Innenstadt auf der westlichen Seite, ist ein Symbol dafür, dass in Marbella auch mal gearbeitet wurde. Doch die Weltwirtschaftskrise Anfang der 1930er Jahre beendete Marbellas Karriere als Bergbau- und Industriestadt und es begann jene ökonomische Tristesse, wie Sie sie möglicherweise aus Bottrop oder Bitterfeld kennen. Nur mit besserem Wetter.

Auch den Einstieg in den Tourismus verpasste der Ort gründlich. Alle Menschen, die in den 50er und 60er Jahren an der Costa del Sol Urlaub machten, waren in Torremolinos untergebracht. Und zwar nicht nur die Touristen, sondern selbstverständlich auch die Spanier: Sie wussten ja, dass sie dort all die alleinstehenden Damen aus dem Norden finden würden, während man in Marbella immer noch Domino spielte.

Für die knapp 10.000 Einwohner gab es in der Zeit kurz nach dem Krieg nur zwei Telefonleitungen. Davon war die eine meistens besetzt und die andere defekt. Genau diesem Umstand haben wir es allerdings zu verdanken, dass wir hier so berühmt geworden sind. Denn Vater und Sohn konnten sich bei ihrem Onkel Ricardo nicht telefonisch anmelden, als sie ihn hier in Marbella besuchen wollten. Also mussten die beiden auf gut Glück nach Marbella kommen und hoffen, dass Onkel Ricardo zu Hause war. War er aber nicht, so dass Papa und Sohn, sie hießen übrigens Max und Alfonso von Hohenlohe, den ganzen Tag ganz alleine am Strand verbringen mussten.

Und dieser eine Strandtag hat dem Vater damals so gut gefallen, dass er noch am gleichen Tag das Grundstück gekauft hat. Das waren 180.000 Quadratmeter mit 23.000 Bäumen First Line Beach, wie wir das heute nennen – für 900 Euro. Nein: nicht pro Quadratmeter – für alles zusammen! Das heißt: zur richtigen Zeit am richtigen Ort sein. Heute kostet in dieser Lage tatsächlich ein Quadratmeter Grundstück mehr als damals dieses ganze Gelände.

Und weil die Hohenlohes auch ganz vielen anderen Menschen die Gelegenheit geben wollten, einen wunderschönen Tag am Strand von Marbella zu verbringen, haben sie 1954 das erste 5-Sterne-Hotel der Stadt eröffnet, das Marbella-Club-Hotel, und damit den Jet-Set nach Marbella geholt: Sean Connery, James Stewart, Gunilla von Bismarck, Adnan Kashoggi, Gunter Sachs und

Brigitte Bardot, um nur einige zu nennen. Und wenn die saudischen Prinzen im Marbella Club mal wieder die Sau rausgelassen hatten, konnten die Putzfrauen am nächsten Morgen die zusammengerollten 10.000-Peseten-Scheine aus dem Papierkorb klauben, mit denen die Herren sich das Kokain in die Nase gezogen hatten. Etwas später bauten die Hohenlohes auch noch das Hotel „Puente Romano", benannt nach einer noch intakten römischen Brücke auf dem Gelände.

Das richtig große Geld begann aber erst zu fließen, als den Saudis die 5-Sterne-Hotels zu klein wurden. König Fahd hat sich hier in den 70er Jahren als Sommerresidenz einen Königspalast gebaut, der dem Weißen Haus aus Washington zum Verwechseln ähnlich sieht. Ein bisschen kleiner vielleicht, aber dafür mit Hubschrauberlandeplatz, Pferdereitanlage und Moschee – der ersten, die nach der Vertreibung der Mauren 1492 auf spanischem Boden gebaut wurde und einen unterirdischen Zugang zum Königspalast besitzt. Fahd kam dann jedes Jahr mit dem engsten Familien- und Freundeskreis nach Marbella zu Besuch, also etwa 1000 Leute mit dem fünffachen an Personal und prall gefüllten Geldbeuteln. Das hat uns unheimlich nach oben gepuscht – bis 1987 hier in

Marbella drei Mordanschläge auf die saudi-arabische Königsfamilie verübt wurden. Die sind zum Glück daneben gegangen, aber der Mann war so stinksauer, dass er zwölf Jahre lang nicht mehr nach Marbella gekommen ist.

Wenn so viel Geld plötzlich fehlt, haut das den stärksten Badeort um. Es war so, als hätte der ganze Ort plötzlich Lepra bekommen. Ende der 80er, Anfang der 90er Jahre wären Sie ein Appartement in Marbella noch nicht mal geschenkt losgeworden, das wollte keiner haben wegen der hohen Nebenkosten. Daran konnte auch das Konzert von Michael Jackson 1988 im Fussballstadion von Marbella, mit immerhin 28.000 Zuhörern, nichts ändern. Michael übernachtete im Hotel „Los Monteros" und liess sich Unmengen an Pflanzen in seine Suite stellen, die aber alle aus Plastik sein mussten. Seiner Meinung nach rauben ihm richtige Pflanzen den Sauerstoff. Nun, sehen wir das mal so, bei seiner tollen Stimme musste er ja nun auch nicht noch etwas von Photosynthese verstehen.

1991, am Tiefpunkt unserer Depression, kam dann ein Mann aus Madrid, der uns den Aufschwung erklärte. Das war Jesus Gil y Gil, ein Baulöwe. Den haben wir zum Bürgermeister gewählt, viermal, und er war auch viermal während seiner Amtszeit im Gefängnis, ein bisschen korrupt eben – wir hatten fast Kölner Verhältnisse. Nur dass Gil aus den Erfolgsgeheimnissen seiner Regentschaft nie ein Hehl gemacht hat. Als ein Bauunternehmer sich die Genehmigung für einen eigentlich illegalen Baukomplex abholen wollte, machte ihm Gil eine einfache Rechnung auf: „Ein Drittel vom Gewinn ist für dich, ein Drittel für mich, und ein Drittel für Marbella." Wenn die Bauprojekte fertig waren, hatte sich die Rechnung in der Regel aber noch weiter vereinfacht. Dann hieß sie nur noch Fifty-Fifty – in der Stadtkasse von Marbella ist jedenfalls nie Geld aus solchen Deals angekommen.

Die ganzen Marmor-Häuser rund um das Hapimag-Gebäude, das sind alles Bürgermeister-Bunker, von Gil persönlich gebaut. Unter einer Million Euro für drei Schlafzimmer brauchen Sie da gar nicht erst anzukommen. Dafür können Sie ziemlich sicher sein, als Nachbarn einen Russen, Ukrainer oder Esten zu haben: Als die Häuser gerade fertig wurden, drängte ziemlich viel Schwarzgeld aus dem Wilden Osten Europas an die Mittelmeerküsten, und das mit dem Schwarzgeld beherrschen die hiesigen Notare ja im Schlaf.

Im Jahr 2002 hat Gil dann 192 Jahre Berufsverbot bekommen – aber schon 190 Jahre, bevor das Berufsverbot ausgelaufen wäre, ist er gestorben. Sein Nachfolger, Julian Muñoz, war eineinhalb Jahre im Amt, wurde dann von Gil-Getreuen abgesetzt, weil er alle Geldströme auf sich selbst umleiten wollte, landete im März 2006 im Gefängnis und hinterher jahrelang in allen Boulevardzeitschriften und –sendungen – er hatte sich die Schlagersängerin Isabel Pantoja als Geliebte geleistet und seine Frau vorher nicht um Erlaubnis gefragt.

Seine Nachfolgerin, die erste Bürgermeisterin Marbellas, wanderte mit ihm zeitgleich in den Bau – und nicht nur sie. Am 29. März 2006 wurden so ziemlich alle Leute verhaftet, die gerade im Rathaus waren. 100 Leute etwa. Die Putzfrau hat man nach einer halben Stunde wieder freigelassen, die hatte nur das Geld für den Bus dabei. Die Bürgermeisterin aber musste man zu Hause verhaften: Sie erholte sich dort gerade von einer Fettabsaugung.

Nimmt man alle damals beschlagnahmten Konten und Sachwerte zusammen und rechnet noch ein paar Konten im Ausland dazu, die noch nicht beschlagnahmt werden konnten, ergibt sich eine in

Marbella zusammenergaunerte Summe von 2,4 Milliarden Euro. Ich sagte ja schon, fast Kölner Verhältnisse. Bei der Hälfte dieser Summe wissen wir immer noch nicht, wem sie gehört. Wenn Sie da Interesse hätten und auf ein Familienmitglied verzichten könnten...

Und weil die Stadt nach 15 Jahren Plünderung dann definitiv kein Geld mehr hatte, wollte sie wenigstens den Dienstwagen unserer Altbürgermeisterin, einen 7er BMW, meistbietend versteigern. Ging aber nicht: Eine Versicherung aus Frankreich meldete Ansprüche an, denn dort war der Wagen vier Jahre zuvor geklaut worden. Als Drehscheibe eines schwunghaften Handels mit geklauten Wagen stellte sich dann übrigens die Ortspolizei von Marbella heraus. Manchmal vergeht einem wirklich die Lust, in die Zeitung zu schauen.

Und nachdem wir das ganze Jahr 2006 über die korrupten Spanier und ihre Seifenopern im Rathaus gelacht hatten – ist Juan Hoffmann verhaftet worden, der Sohn des langjährigen deutschen Konsuls in Málaga, nach dem auch die deutsche Schule hier benannt wurde. Rechtsanwalt, Geldwäsche, Untersuchungshaft, vier Monate lang. Im Februar 2016 wurde er dann in der letzten Instanz zu 5 Jahren Gefängnis verurteilt, und weil er beim Haftantritt durch Abwesenheit glänzte, wurde auch gleich mal ein internationaler Haftbefehl ausgestellt. Und mein Zahnarzt ist auch nicht mehr da. Ich tippe auf Südamerika.

Marbella hat seit Mitte 2015 übrigens wieder einen neuen komplett ahnungslosen Bürgermeister, José Bernal (POSE), es bleibt also spannend. Vor Gil waren es die Sozialisten, und zur Gil-Zeit hieß die regierende Partei natürlich GIL. Diesmal soll natürlich alles ganz anders und viel viel besser werden, soweit das eben geht, wenn kein Geld mehr in der Kasse ist – zum Teil konnte der Müll nicht mehr abgefahren werden, weil kein Geld mehr da war, um die Rechnung für die Müllkippe zu bezahlen. Aber so ganz anders wird es wohl auch diesmal nicht werden. Auf den Wahlparties der jetzt schon zweimal siegreichen Konservativen habe ich ziemlich viele Menschen wiedergetroffen, die auch schon bei den Gil-Wahlparties mit dabei waren.

Aber ein bisschen Kontinuität ist ja auch wichtig. Schließlich muss irgend jemand dafür sorgen, dass von den 30.000 Wohnungen und einem halben Dutzend Hotels, die in den vergangenen 20 Jahren illegal errichtet wurden, möglichst wenige wieder abgerissen werden müssen. Am besten natürlich gar keine. Das wird schon klappen. Gleich neben dem Kongresspalast beispielsweise, wo in der guten alten Zeit die Immobilienmessen abgehalten wurden, steht ein Hotel, das schon längst fertig gestellt ist, aber jahrelang nicht eröffnet werden durfte, weil ohne Baugenehmigung gebaut. Jetzt wurde die Baugenehmigung nachträglich erteilt – aber die Hälfte des Hotels wird zu einem Altenheim umfunktioniert. Auch eine gerechte Strafe.

Nachdem wir hier ein paar Jahre immer nur von der guten alten Zeit gesprochen haben, reden jetzt immer mehr Leute in Marbella auch von der guten neuen Zeit. Denn schon wieder mal hatte das ganz große Geld an das Marbella-Tor geklopft, und schon wieder soll es aus Arabien kommen – diesmal allerdings nicht aus Saudi-Arabien, sondern aus Qatar. Scheich Nasir Bin Abdullah aus Qatar besitzt seit vielen Jahren eine Mega-Villa in Marbella und seit 2010 auch den Fußballclub FC Málaga. Der „Neureichen-Verein" hat in der Saison 2011/12 den Europarekord für Ausgaben für Spielerkäufe aufgestellt, das Ziel war Platz 3 in der Spanischen Liga und die Qualifikation zur

Champions League. Im Jahre 2013 wurde der Verein auch von Bernd Schuster trainiert.

Für die Champions League der Yachthäfen soll sich hingegen Marbella qualifizieren. Noch bietet die Stadt dem Scheich nämlich leider nicht die Möglichkeit, mit seiner Yacht dort im Hafen anzulegen, er muss statt dessen nach Málaga zum Landungssteg für Kreuzfahrtschiffe ausweichen. Okay, das Schiff ist nicht klein: Nasirs „Radiant" ist exakt 110 Meter lang, etwa 240 Millionen Euro teuer und hat zwei Schwimmbecken sowie einen Hubschrauber-Landeplatz an Bord. Da muss man schon tüchtig buddeln, um einen der vier Häfen Marbellas dafür herzurichten. 400 Millionen Euro (weitgehend aus Qatar) soll es kosten, den bisherigen Fischerhafen der Stadt gleich hinter dem Marbella-Tor zum scheichyachttauglichen Prunkstück umzubauen. Mitte 2014 sollten die Bauarbeiten nun beginnen. Im Video, das der Scheich zur Präsentation des Projekts hat erstellen lassen, liegt im glitzernden neuen Hafen auch schon ein dickes Kreuzfahrtschiff vor Anker. Das ist zwar eigentlich nicht erlaubt, weil die andalusischen Behörden Marbella keinen Kreuzfahrt-Hafen genehmigt haben, aber – psst! – wenn keiner was verrät, wird die Behörde bestimmt nichts davon erfahren. Wir sind ja in Andalusien. Soviel zur Theorie- und jetzt zur Realität:

Der liebe Scheich hat nochmal mit seiner Bank gesprochen und voller Verwunderung festgestellt, dass er das Hafenprojekt doch nicht finanzieren kann. Den letzten Termin mit der Landesbaubehörde hat er platzen lassen, und so ist das Projekt für alle Zeiten gestorben. Na dann...auf zum nächsten Projekt.

Wenn Sie jetzt den Eindruck gewonnen haben sollten, dass man eigentlich einen großen großen Bogen um Marbella machen müsste, so ist das natürlich völlig falsch. Denn ein, nein, nicht ein, sondern das wichtigste Argument für Marbella kriegen auch die ärgsten Mafiosi nicht kaputt: das Klima. Es ist hier nicht nur normal angenehm wie sonst an der Costa del Sol: Im Winter haben wir etwa 15 Grad Tagestemperatur, wir haben aber Weihnachten auch schon bei 25 Grad verbracht – ist schwer, dann Kinder dazu zu kriegen, mit der Trommel um den Weihnachtsbaum herumzulaufen. Aber das Mikroklima von Marbella ist noch eine Schippe großartiger. Dafür sorgt das Wahrzeichen von Marbella, der Berg La Concha, die Muschel. Er wölbt sich so über der Stadt, dass die in der Regel aus Westen und Norden kommenden

Regenwolken abgehalten werden. Zudem führt er stark jodhaltiges Gestein, und da der Wind meist von der See kommt, wirft der Berg ihn zurück, so dass die Stadt jodhaltige Luft einatmet und Marbella ein einzigartiges Mikroklima beschert.

Wenn Sie länger als sechs Wochen in Marbella bleiben sollten, müssen Sie wegen Ihrer Medikamente unbedingt Rücksprache mit Ihrem Hausarzt halten. Die wirken in Marbella nämlich erheblich stärker. Wenn Sie ganz viel Pech haben, kann es Ihnen passieren, dass Sie die Medikamente sogar absetzen können – und wer will das schon?

So, jetzt sind Sie sicherlich schon sehr gespannt auf eine Marbella-Tour- na, dann kommen Sie mal mit: Sollten Sie mit einem Auto nach Marbella kommen, so werden Sie keine kostenfreien Parkplätze mehr finden. Entweder ergattern Sie einen freien Platz in der blauen Zone (Ticket nicht vergessen) oder parken ihr Auto unterhalb der Avenida del Mar. Starten wir doch genau hier mit unserer Erkundungstour.

Auf der Avenida del Mar können Sie hier 10 bekannte Werke von Salvador Dalí bewundern. Der sitzende Don Quijote, Mercurio oder die Gala Gradiva, die auf den Horizont Marbellas blicken, sind nur einige der Werke dieses spanischen Genies.

Gleich oberhalb der Avenida del Mar kommen Sie zum Parque de la Alameda mit seinem botanischen Garten. Die grossen Bananenstauden in diesem Park sind übrigens keine! Die hören auf den klangvollen Namen „Strelitzia Nicolai". Der große gekachelte Brunnen „Fuente de la Virgen del Rocio" ist den Wallfahrern gewidmet. Überqueren Sie jetzt die Hautstrasse und gehen Sie in die Altstadt von Marbella. Nur selten werden Sie, ein so gut erhaltenes und gepflegtes Pueblo in anderen Städten sehen. Die grossen Steinmosaike am „Pláza de Africa" haben übrigens Vater und Tochter seinerzeit handverlegt. Das Zentrum der Altstadt bildet der „Pláza de los Naranjos" (Orangenplatz), der umsäumt wird von der ältesten Kirche aus dem 15. Jahrhundert und dem Rat-

haus von Marbella. Auf dem Platz können Sie wundervoll sitzen und zu Mittag oder zu Abendessen oder auch nur einen Kaffee genießen, aber denken Sie daran, daß Sie in Marbella sind, spätestens beim Bezahlen werden Sie daran erinnert. Ein bisschen rechts von diesem Platz finden Sie die Hauptkirche von Marbella, „Iglesia Mayor de la Encarnación". Genau hier stand früher die alte Moschee mit 3 Ein-und Ausgängen, wovon aber nur 2 übrig geblieben sind. Gegenüber der Haupt-kirche sehen Sie die alten Festungsmauern des Castillos, und die Skulptur vor dem Eingang zeigt den Schutzheiligen von Marbella „San Bernabé".

Und ein absolutes Muss ist der Besuch des Luxus-jachthafens Puerto Banús mit seinen 917 Liege-plätzen.

Sollten Sie gut zu Fuß sein, können Sie mittler-weile den Paseo Maritimo trockenen Fußes vom Anfang Marbellas bis nach Puerto Banús spazie-ren(ca. 7 Km). Den Rückweg können Sie entwe-der mit dem Schiff (je nach Wetter) oder Bus zu-rücklegen.

Sehr zu empfehlen ist das Ralli-Museum am Ende der goldenen Meile kurz vor Puerto Banús. Hier können Sie Werke von europäischen Künstlern wie Miro, Chagall und Gentilini, usw. bewundern. Besonderheiten in diesem Museum sind die Skulpturen von Salvador Dali sowie lebensgroße Skulpturen von mexikanischen Künstlern. Der Eintritt von Di-So ist kostenfrei.

Der Hafen Puerto Banús wurde Ende der 1960er
Jahre von dem spanischen Bauunternehmen und
Franco-Freund José Banús gebaut und 1970 mit
einer landesweit beachteten Zeremonie einge-
weiht. Durch die vielen prominenten „Touristen",
die im Marbella Club Hotel zu Gast waren, wurde
er in den 1980er Jahren zum Treffpunkt des in-
ternationalen Jet-Sets. Die große Jacht mit dem
wohlklingenden Namen „Shaf" gegenüber der Ha-
fenmeisterei gehört dem saudiarabischen Prinzen
Salman Bin Abdul-Aziz Saud und liegt ganzjährig
hier. Wenn Sie dann überlegen wie teuer wohl so
eine Jacht ist und ob Sie sich das leisten könnten
dann sind Sie wohl nicht der richtige Kunde für
dieses Bötchen. Allein das Volltanken kostet
128.000€ und die jährliche Liegegebühr lächerliche 205.000€. Unter uns gesagt gibt es nur 2
schöne Tage im Leben eines Jachtbesitzers- der

Tag, an dem er die Jacht kauft, und der Tag, wenn er sie wieder verkauft. Auf dem Kreisverkehr, am Eingang von Puerto Banús (El Corte Inglés), können Sie noch eine weitere Sehenswürdigkeit entdecken. Das berühmte Rhinozeros von Salvador Dali (Nashorn in Spitzenkleid) aus dem Jahr 1956, seit 2004 als Kopie (3,6 Tonnen) in Puerto Banús für lächerliche 3 Mio.€ als Verzierung hierhin gestellt.

Jerez de la Frontera

Von den großen Städten Andalusiens ist Jerez de la Frontera die kleinste mit nur etwas mehr als 200.000 Einwohnern. Aber der Name der Stadt klingt nach mehr – immerhin kommt von hier der einzige weltweit bekannte Exportartikel Andalusiens, der Sherry. Wenn Engländer mit auf dem Bus sind, erzähle ich gerne, dass die englische Aussprache „scherrie" sich an den alten arabischen Namen der Stadt anlehnt, der „scherisch" ausgesprochen wurde. In Wahrheit ist der Ausdruck Sherry natürlich nur deswegen entstanden, weil die Engländer „chereß" nicht aussprechen konnten.

Sollten Sie mit dem Auto nach Jerez de la Frontera fahren – ziehen Sie sich warm an. Jerez
scheint nur aus Einbahnstraßen zu bestehen. Sie
kommen also nie von A nach B. Na ja, nicht nie:
Beim siebten oder achten Kurven durch die gleichen Straßen werden Sie Ihr Ziel wahrscheinlich
finden. Aber Sie haben dann ja auch bestimmt
genügend Zeit mitgebracht, denn nach den sehr
intensiven Sherry-Verkostungen, die Sie hier
vermutlich vornehmen werden, sollten Sie die
Rückfahrt wohl eine Nacht überschlafen.

Die Anfahrroute kann zum einen über Ronda gehen – Sie fahren an Marbella vorbei Richtung
Ronda, dann Richtung Ubrique und über Arcos de
la Frontera nach Jerez. Oder aber Sie fahren an
Gibraltar vorbei, und bei Algeciras zweigt eine
Schnellstraßenverbindung nach Jerez ab. Die ist
natürlich nicht so schön, aber schneller zu fahren.
Am besten, Sie nehmen für den Hinweg die eine
und für den Rückweg die andere Route – und lesen vorher die dazu passenden Kapitel in diesem
Buch.

Orte mit dem Nachnamen de la Frontera („an der
Grenze") finden Sie übrigens reichlich in dieser
Gegend – auch wenn schon lange keine Grenze
mehr in der Nähe ist. Die Namen gehen zurück

auf die Zeit im 12. Und 13. Jahrhundert, als die Region um Jerez heftig zwischen Mauren und Christen umkämpft war. Beendet wurde der Streit 1248, als die Mauren vertrieben wurden und Jerez zu Kastilien kam.

Welche der vielen Sherry-Bodegas Sie besichtigen wollen, ob Tío Pepe, Sandeman, Domecq oder

oder oder, spielt im Prinzip keine Rolle. Die Herstellung folgt immer dem gleichen Verfahren, und ein bisschen Show ist auch überall dabei. Die mit Abstand berühmteste Bodega ist Tío Pepe, auf Deutsch „Onkel Josef". Das Wahrzeichen von Tío Pepe, eine Flasche in roter Flamenco-Kleidung, ist in der ganzen Stadt zu bewundern. Der Legende nach beruhte der Erfolg Tío Pepes auf einem bedauerlichen Irrtum vor etwa 150 Jahren: Statt wie immer pappsüßen Sherry an die englische Kundschaft zu schicken, vergriff sich ein Weinhändler im Keller und schickte ein

Fass knochentrockenen Sherry aus dem Geheim-
vorrat seines Onkels Richtung Norden. Und siehe
da, die Engländer waren begeistert darüber, statt
des üblichen Restmülls auch einmal Qualitätsware
aus Andalusien zu bekommen, und so nahm der
Boom von Jerez de la Frontera seinen Lauf.

Sollten Sie die Bodega von Tío Pepe aufsuchen,
können Sie in der Nähe des Kassenhäuschens
eine kleine Bimmelbahn besteigen, was die Führung durch die Bodega besonders angenehm
macht. Überall halten Sie an, bewundern die Herstellung des Sherrys mit den uralten Eichenfäs-
sern, es gibt eine Video-show dort, und natürlich
können Sie den Sherry auch probieren und am
Ende der Führung selbstverständlich auch kaufen.
Dass sich in Jerez auch einige berühmte Schnaps-
fabriken befinden, zum Beispiel von Osborne, hat
direkt mit dem Sherry zu tun. Denn nichts macht
hochprozentige Wein- oder sonstige Brände so
aromatisch wie eine lange Lagerung in Eichenfäs-
sern, die vorher zur Sherry-Produktion verwendet
wurden. Gebrauchte Sherry-Fässer sind denn
auch wesentlich teurer als neue, und die Whisky-
Produzenten von den britischen Inseln stehen
Schlange, wenn die Bodegas wieder alte Fässer
ausmustern. Der jüngste Whisky-Boom bei

gleichzeitigem Rückgang der Sherry-Produktion hat nun zu ernsten Schnapsfass-Nachschubproblemen geführt. Mit jedem Sherry-Fass, das Sie leertrinken, tragen Sie dazu bei, das Gleichgewicht der Schnäpse wiederherzustellen.

Eine weitere große Berühmtheit von Jerez ist die königlich andalusische Hofreitschule. Bitte nicht mit der Spanischen Hofreitschule verwechseln, die sich erstaunlicherweise in Wien befindet! Jeden Dienstag und Donnerstag um 12 Uhr können Sie die herrliche, pompöse Aufführung der Pferdereitkünste bewundern, die diese Schule zu bieten hat. Kurioserweise laufen während der Vorführung immer vier bis sechs junge Damen herum, die Ihnen irgendwie das Fotografieren verbieten möchten. Klar, dass immer nur im Rücken dieser Damen fotografiert wird – spätestens mit der Erfindung der Handy-Kamera ist das Fotografierverbot nicht mehr durchsetzbar.

Bei den Pferden handelt es sich natürlich durchgängig um strahlend weiße Andalusier. Bei ihnen geht es um eine eigene Rasse, deren Zuchtbuch im spanischen Verteidigungsministerium geführt wird. Eine der wichtigsten Qualitäten der vierbeinigen Andalusier ist es, dass er seine tänzelnde Eleganz auch dann noch bewahrt, wenn ihn der

zweibeinige Andalusier auf seinem Rücken sturz-
betrunken durch von feiernden Menschen über-
füllte Altstadt-Gässchen lenkt. Im ehrwürdigen
alten Kartäuserkloster am Stadtrand von Jerez de
la Frontera wird seit jeher auf die Reinhaltung der
Rasse der andalusischen Pferde geachtet. Auch
hier kann man am Samstag eine andalusische
Pferdereitshow erleben.

Cádiz

Die Anfahrt mit dem Auto sollte auf jeden Fall
über Tarifa und Vejer de la Frontera erfolgen. Auf
diesem Weg können Sie auf der Höhe von Vejer in
der „Venta Pinto" hervorragend und preiswert

frühstücken. Sie überqueren die Brücke LA BAR-CA und sehen auf der anderen Seite die Venta. Probieren Sie „Pan cateto", selbstgebackenes Bauernbrot mit zurrapa. Genial!

Anschliessend fahren Sie weiter auf der A-48 nach Cádiz. Manchmal könnte man in Cádiz meinen, man wäre gar nicht in Spanien. Vom Klima her fühlt man sich eher wie in Portugal, in der Altstadt eher wie in Havanna und in der fünften Jahreszeit eher wie in Köln. Aber eins nach dem anderen.

Cádiz liegt zwar wie Marbella, Malaga oder Mallorca am Meer – aber eben nicht am Mittelmeer, sondern am Atlantik. Und das merkt man an der größeren Ausgeglichenheit. Der Winter ist noch etwas wärmer als an der Costa del Sol, der Sommer dafür etwas kühler. Also mit Temperaturen nur leicht über 30 Grad geradezu angenehm. Außer natürlich bei Levante, wenn der Wind aus dem Osten kommt, dann schaffen sie auch hier am Atlantik locker die 40 Grad.

Das hat aber die Menschen noch nie davon abgehalten, sich dort anzusiedeln, wo heute die etwa 130.000 Einwohner von Cádiz wohnen. Die Phönizier hatten hier schon vor mehr als dreitausend Jahren einen Außenposten – hinter den Säulen des Herkules, wie die Straße von Gibraltar damals hieß, war für alle übrigen Mittelmeervölker die Welt zu Ende. Nur die Phönizier wussten, dass es hinter dem Horizont weiter ging: Ihre Handelswege führten von Cádiz bis in die Nordsee und nach Süden bis zu den Kapverden. Sie legten sich deshalb eben jenen antiken Raufbold Herkules, den mit den Säulen, als legendären Stadtgründer zu , auf den sich auch heute noch die Inschrift des Stadtwappens von Cádiz beruft.

Den meergeprüften Phöniziern liefen allerdings schon bald die Landratten aus Rom den Rang ab. Wenn Sie im Geschichtsunterricht damals aufgepasst haben, erinnern Sie sich vielleicht noch an die drei Punischen Kriege, in denen die Römer unter anderem ihren Erzrivalen Hannibal besiegten, oder an jenen Spruch des alten Cato: „Ceterum censeo Carthaginem esse delendam" – im übrigen bin ich der Meinung, dass Karthago zerstört werden muss. Karthago, die Hauptstadt der Phönizier, wurde 146 v. Chr. zerstört, und die Atlantik-Städte der Iberischen Halbinsel fielen in einen Dornröschenschlaf, aus dem sie erst 17 Jahrhunderte später wieder erwachten: als nämlich ein gewisser Christoph Columbus noch viel weiter fuhr als einstmals die Phönizier. Für die

Verbindung zu den neuen Kolonien in Amerika waren Orte wie Cádiz, Sevilla oder Palos de la Frontera am besten geeignet, sie wurden Schatzkammern für die Schätze aus der Neuen Welt – und Festungen natürlich, schließlich haben Schätze schon immer Piraten angezogen. Die Altstadt von Cadiz ist deshalb von extradicken Mauern umgeben.

Diese Mauern, gemeinsam mit den vielen noch gut erhaltenen Bauten aus der großen Zeit der Stadt im 18. Jahrhundert, geben einem beim Gang durch die Altstadt von Cádiz das Gefühl, in einer der großen Altstädte der Neuen Welt unterwegs zu sein – in Havanna, übrigens eine Partnerstadt von Cádiz. Und eine ganze Reihe von Filmszenen, die in Havanna spielen sollten, wurden denn statt dessen auch in Cádiz gedreht, so etwa für den James-Bond-Film „Stirb an einem anderen Tag".

Die Kathedrale ist ein guter Orientierungspunkt, weil sie sehr zentral und unweit vom Rathaus liegt. Die Pláza mit Blick auf die eindrucksvolle Fassade aus Sandstein lädt zu einer Kaffee- oder Teepause ein. Die Kirche, welche an dem Baustil der Renaissancekirche von Granada angelehnt ist, wurde im Jahre 1720 begonnen, allerdings erst

1830 vollendet. Der monumentale Bau mit der weißen neoklassizistischen Fassade und den beiden Türmen grenzt mit der Rückseite an das Meer mit seiner Promenade.

Auffallend ist die goldglänzenden mit Kacheln verzierte Kuppel, die im Wechselspiel mit den pastellfarbenen Häusern auf der Pláza de la Catedral steht. Sehenswert im Innenraum, der mit großen Marmorsäulen gestaltet ist, sind der Altar und das Chorgestühl aus Mahagoniholz. In der Krypta liegt der spanische Komponist Manuel de Falla begraben. Eine fünf Meter große Monstranz aus Silber wird in der Schatzkammer ausgestellt. Auf dem linken Turm befindet sich eine Aussichtsplattform, zu der ein treppenloser Serpentinenweg hinaufführt, allerdings müssen Sie vorher das Eintrittsgeld für die Kathedrale entrichten.

Wenn Sie an dem Eingang der Kathedrale vorbei-
gehen (links) und am anderen Ende des Platzes in
die Geschäftsgasse hineingehen, kommen Sie
nach einigen Minuten zur wirklich sehenswerten
Markthalle, in der Sie wie gewohnt frische Produkte einkaufen oder auch direkt essen können.

Wenn Sie in Cádiz nicht nur Geschichte erleben
wollen, sondern auch ein bisschen Gegenwart,
kommen Sie am besten im Februar vorbei. Da
frönen die Gaditaner nämlich ihrer größten Leidenschaft, in der sie sich auch von niemandem in
Spanien übertreffen lassen: dem Karneval. In
Deutschland sagt man ja, dass Karneval nur in
den katholischen Regionen gefeiert wird – und in
Berlin, wohin ja viele Rheinländer zwangsver-
pflanzt wurden – aber in Spanien, wo es von Nord
bis Süd und von Ost bis West nur katholische Regionen gibt, wird so gut wie nirgendwo Karneval
gefeiert. Zum einen, weil es fast nirgends in Spanien einen Winter gäbe, den man vertreiben
müsste, und zum zweiten, weil hier unten in Andalusien überall ein anderes Fest mit großen Umzügen gefeiert wird: Ostern nämlich. Da werden
zwar keine „Kamelle" unters Volk geworfen, aber
für eine ganze Woche Ausnahmezustand sorgen

die Osterprozessionen trotzdem, da kriegt man keine Karnevalsumzüge mehr ins Programm.

Außer eben in Cádiz. Dort feiern sie sogar zehn Tage lang Karneval, mit ein paar Umzügen, und vor allem mit Gesangswettbewerben. Die „Chirigotas" und „Comparsas" genannten Chöre stehen in permanentem Wettstreit um die prächtigsten Kostüme (Tipos), die besten Lieder und die bissigsten Texte. Am gleichen Tag, an dem die Kölner mit Weiberfastnacht die heiße Phase des Karnevals einläuten, am Donnerstag vor Aschermittwoch also, findet in Cadiz im Teatro Falla der Haupt-Sängerwettstreit der Saison statt – und ganz Spanien schaut am Fernseher zu.

Der größte Unterschied zwischen dem Karneval in Köln und dem in Cadiz betrifft den Terminkalender der Künstler. In Köln beginnen die Auftritte am 11.11. und an Aschermittwoch ist alles vorbei. Für die Chirigotas beginnt dann die Saison eigentlich erst; denn vor allem viele Touristengemeinden entlang der Küste wollen ihre Gäste gerne auch im Urlaub ein bisschen feiern lassen und veranstalten deshalb zu den unmöglichsten Terminen Karneval genannte Feste. Und damit es wenigstens ein bisschen wie Karneval aussieht, muss man auf jeden Fall eine der renommierteren

Chirigotas engagieren. Auf diese Weise werden dann die Spottlieder auf die Lokalpolitiker von Cádiz über Zuhörer in ganz Europa verbreitet

Jaén

Die Stadt hat 115.395 Einwohner und liegt im weiten Tal des Guadalquivir zwischen den mit Olivenbäumen bewachsenen Bergen La Pandera und Jabalcuz in einer Höhe von 574 msnm.

Jaén ist der beste Ausgangspunkt, um das spanische Olivenöl kennen zu lernen. In der Umgebung der Stadt findet man in einem Umkreis von 50 Kilometern viele Unternehmen und Genossenschaften, wo man den Herstellungsprozess des „flüssigen Goldes" entdecken kann. Der ideale Zeitpunkt für einen Besuch ist von November bis Februar während der Olivenernte. In diesen Monaten kommen Sie auch in den Genuss der traditionellen gastronomischen Tage und kulinarischen Feste, die dann veranstaltet werden. Sollten Sie die Gelegenheit haben, dann nehmen Sie unbedingt am 8. Dezember am Olivenfest von Martos teil, wo das typische „joyo" (Brot mit Öl, Klippfisch und Oliven) verteilt wird.

Die Kathedrale beherbergt das Tuch des Heiligen Antlitzes, mit dem der Legende nach die Heilige Veronika das Gesicht Jesu trocknete.

Sie ist Mariä Himmelfahrt gewidmet und wurde vom 16. bis 18. Jahrhundert erbaut. An ihrer Stelle befand sich vorher eine arabische Moschee und danach eine gotische Kathedrale, die gebaut worden war, um das Tuch des Heiligen Antlitzes aufzunehmen. Das Renaissanceprojekt des Architekten Andrés de Vandelvira wurde in mehreren Phasen ausgeführt, wobei bei späteren Arbeiten lediglich Verzierungen oder Reparaturen an früheren Teilen stattfanden. In der Kathedrale sind aufgrund ihres künstlerischen Wertes vor allem die Sakristei, der Kapitelsaal, der Chor, der Hauptaltarraum mit dem Tuch des Heiligen Antlitzes, die monumentale Außenfassade von Eufrasio López Rojas und der gotische Fries auf der Rückseite des Gebäudes sehenswert.

In Zeiten der römischen Herrschaft über die Iberische Halbinsel wurde in der Gegend um Jaén nach Silber geschürft. Nach dem Ende des Kalifats von Córdoba wurde Jaén 1145 für kurze Zeit Hauptstadt eines kleinen Taifa-Emirats, als sich zuerst Ibn Yuzai dort zum Alleinherrscher aufschwang und schon wenige Monate später von Abu Dja'far Ahmad Zafadola verdrängt wurde, der im gleichen Jahr auch in Córdoba und Granada die Macht ergriffen hatte. Noch im selben Jahr wurde Jaén jedoch von den Almohaden erobert und ihrem Großreich einverleibt. 1159 gelang es Mohammed ibn Sa'd ibn Mardanisch, dem „Wolfskönig" (Rey Lobo) von Murcia, die Almohaden noch einmal aus Jaén zu vertreiben und es bis 1168 seinem eigenen Herrschaftsbereich einzuverleiben. Dann fiel es für wenige Monate an den Hamuskiden Ibrahim, der sich auch Arjona gesichert hatte, aber schon im selben Jahr 1168 wieder den Almohaden weichen musste. Als das Reich der Almohaden zerbrach, wurde Jaén zunächst von dem Nasriden Muhammad I. ibn Nasr (1232–1272) aus Arjona erobert, fiel aber schon 1246 im Zuge der christlichen Reconquista (Rückeroberung) in die Hände der Kastilier. Jaén wurde so zu einem strategisch wichtigen Punkt in der Reconquista der Katholischen Könige und erhielt 1466 den Titel „Sehr noble, berühmte und treue Stadt Jaén, Wächter und Verteidiger der Könige von Kastilien." 1491 wurde die Eroberung Granadas von Jaén aus begonnen.

1508 wurde mit der Puente del Obispo über den Guadalquivir die Verbindung zur Stadt Baeza geschaffen.

Im spanischen Bürgerkrieges blieb die Stadt loyal gegenüber der Zweiten Spanischen Republik und wurde deshalb von einer Flugstaffel der Legion Condor am 1. April 1937 bombardiert. Aktuelle Schätzungen gehen davon aus, dass bei der Bombardierung 159 Bewohner getötet und mehrere hundert verletzt wurden. Die Einnahme der Stadt durch Francos Truppen wird mit Ende März 1939 angenommen.

Huelva

Mit seinen gut 146.000 Einwohnern entwickelt sich dieses Städtchen sehr gut. Neben zahlreichen Minen kommt auch der Tourismus immer mehr zur Geltung. Die Stadt liegt am vier Kilometer breiten Mündungstrichter des Odiel und des Río Tinto, die sich hier in den Atlantischen Ozean ergießen. Es herrscht ein besonders mildes Klima vor.

Zum Stadtgebiet gehört auch der 7000 ha große Naturpark Marismas del Odiel mit den Schutzgebieten Reserva del Burro und Reserva de la Isla de Enmedio. Viele Vogelarten haben dort Nistplätze.

Archäologische Funde aus Huelva und Umgebung belegen, dass vermutlich bereits ab dem 10., zumindest aber seit dem frühen 9. Jahrhundert v. Chr., Handelskontakte mit den Phöniziern bestanden, und es wird sogar vermutet, dass an diesem Ort Tartessos lag. Unter den Karthagern und Römern, die mit dem Abbau von Erzvorkommen begannen, war es eine blühende Stadt. Unter den Westgoten und Arabern, von denen die Stadt 1257 durch Alfonso X, dem Weisen, zurückerobert wurde, kam die Stadt zum Stillstand. Die Entwicklung der Stadt fand erst in der jüngsten Zeit statt; noch im Jahr 1880 zählte sie erst 13.000 Einwohner. Ihren Aufschwung verdankt sie den Mineralvorkommen am Rio Tinto (Minas de Riotinto) und in Minas de Tharsis (Kupfer, Eisen, Schwefel und Mangan).

Von Huelva aus stach Christoph Kolumbus in Richtung der neuen Welt (Amerika) in See.

Es sind nur wenige historische Denkmäler erhalten geblieben, beispielsweise der römische Aquädukt, der noch heute die Stadt mit Wasser versorgt.

Seit dem letzten Viertel des 19. Jahrhunderts wandelte sich die Stadt zu einer kleinen britischen Kolonie. Grund dafür war die Erlaubnis der spanischen Regierung im Jahre 1873, dass die Minen von Riotinto wirtschaftlich durch die Rio Tinto Company Limited erschlossen und genutzt werden dürfen. Dadurch ausgelöst begannen die Stadt und ihre Infrastruktur zu wachsen, und aus dem verschlafenen kleinen Dorf wurde eine moderne Industriestadt des 19. Jahrhunderts.

Unter den Neubauten waren zum Beispiel Bahnanlagen mit dem noch heute existierenden Bahnhof und ein Verladekai im Hafenbecken. Der Anschluss an das Bahnnetz ermöglichte die Ankunft von neuen Arbeitern (vor allem aus Andalusien, Extremadura und Galicien) und eine Expansion der Stadt. Die Stadtteile Las Colonias und El Matadero entstanden nahe der Sumpfgebiete (Marisma). Aufgrund der Entwicklung veränderte sich das Stadtbild erheblich. Zeugnisse dieser Zeit sind das Casa Colón (1880 erbaut) und das Barrio Reina Victoria (1914). Seit der Verstaatlichung der Bergbaugesellschaft (1954) und der Bergbaukrise der letzten Jahrzehnte ist heute diese Epoche in der Stadt und der Provinz Huelva großenteils Vergangenheit.

Die Briten brachten auch den Fußball mit nach Spanien, was 1889 zur Gründung des ersten Fußballvereins - Recreativo Huelva - in Spanien führte.

3. Die Küste

Eine schöne spanische Tradition ist es, den Küsten Namen zu geben. Während die stieseligen Deutschen nur eine Nordsee- und eine Ostseeküste kennen, hat Spanien Costas im Dutzend: Costa Brava, Costa Blanca, Costa Dorada, Costa Cordalis, und wie sie alle heißen.

Touristen glauben gerne, die vielen Namen gebe es, um ihnen die Orientierung zu erleichtern und ein lauschiges Heimatgefühl zu geben: einmal Costa Brava, immer Costa Brava. Das ist natürlich völlig falsch. Die unterschiedlichen Küstennamen gibt es, um den Provinzverwaltungen die Arbeit zu erleichtern: Die Küste der Provinz Málaga heißt Costa del Sol, die der Provinz Granada nennt sich Costa Tropical und die der Provinz Cadiz heißt Costa de la Luz. Und so weiter die Küste rauf und runter, so viele Costas, wie es Provinzen gibt.

Allen außer den Provinzverwaltungen allerdings erschwert das die Arbeit, weil so Dinge zusammengepresst werden, die nicht zusammen gehören. Nerja und Torre del Mar beispielsweise haben nichts mit Marbella oder Estepona zu tun, die gut hundert Kilometer entfernt liegen, sollen aber zur gleichen Costa del Sol gehören, zu der hingegen das recht nah bei Estepona liegende Sotogrande nicht mehr gehören soll, nur weil irgendwo am Strand eine Provinzgrenze verläuft. Wir aber stehen hier nicht im Dienst der Provinzverwaltungen, sondern der Kunden, und deshalb haben wir hier die Namen der Küsten so verteilt, wie es inhaltlich passt. Die Costa del Sol erstreckt sich in diesem Buch also von Málaga bis Gibraltar, danach schließt sich im Westen die Atlantik-Küste der Costa de la Luz an, und die Costa Tropical beginnt bei Nerja und zieht sich Richtung Osten bis Almeria.

Costa del Sol

Die meisten Großstädte haben ein Zentrum. Da steppt der Bär, da sind die Bürotürme und die Kaufhäuser, da wohnt, wer was erleben will. Und weil sich die Stadt vom Zentrum her in alle Richtungen ausbreitet, hat sie in der Regel eine eher rundliche Form. Das ist hier anders. Die Stadt, die aus alter Gewohnheit Costa del Sol genannt wird, hat ein etwa 120 Kilometer langes Zentrum – die Küstenlinie. Da geht die Post ab, da muss man hin. Und deswegen hat diese Stadt auch eher die Form eines Zollstocks: etwa hundertmal so lang wie breit.

Die aktuelle Einwohnerzahl dieser Stadt zwischen Málaga bis Gibraltar liegt, ohne die beiden Endpunkte, bei 800.000 Menschen. Der Ausländeranteil beträgt 64 Prozent – allein 400.000 Engländer leben hier an der Küste. Man kann das so ein bisschen nachvollziehen. Hat mir ein Engländer mal erklärt: Weißt du Ingolf, hier unten zu leben, das ist doch easy. Aber in England zu leben, dafür brauchst du Charakter. Und wenn Engländer Heimweh haben, dann stellen sie sich zehn Minuten unter die Dusche, und dann ist es schon wieder weg.

Unsere Küstenstadt ist unheimlich gewachsen in den vergangenen Jahrzehnten. Und weil Statistiker und Provinzverwaltungen ein solches Wachstum gerne in die Zukunft fortschreiben, sagen uns schlaue Statistiken, dass schon in 10 Jahren 1,2 Millionen mehr Menschen hier leben. Dann sind es zwei Millionen zwischen Málaga und Gibraltar. Und wenn Sie meinen, dass das überhaupt nicht schön ist und dass früher alles viel netter hier war, haben Sie wohl recht. Aber denken Sie mal dran, dass 80 Prozent der Weltbevölkerung an den Küsten leben.

Sollten Sie allerdings meinen, dass man so viele Leute doch gar nicht hier unterbringen kann, haben Sie nicht recht: Unsere Küstenstadt hat nämlich jetzt schon mehr als zwei Millionen Einwohner, allerdings nur zwischen dem 15. Juli und dem 31. August. Man muss sich also nur vorstellen, dass das ganze Jahr über hier so viel los ist wie bislang nur in der Hochsaison.

Eine andere Statistik hat uns kürzlich besonders erfreut. Sie hat nämlich ergeben, dass der Tourismus, wie er hier besonders vorbildlich in Torremolinos betrieben wird, die ökologischste Form des Fremdenverkehrs überhaupt ist. Doch, wirklich: Man drängt so viele Touristen wie möglich auf dem kleinsten denkbaren Raum zusammen, und dann kann der gesamte Rest der Landschaft unberührt und ursprünglich bleiben. Und wir haben das hier gleich dreimal nebeneinander, solche ökologischen Muster-Monster: in Torremolinos, Benalmádena und Fuengirola.

Für den Rest unserer langen Küstenstadt haben wir uns allerdings eher weniger aus diesem ökologischen Argument gemacht. Wenn man an drei Orten der Costa del Sol die Touristen kostengünstig stapelt, hat man am Rest der Küste genügend Platz, um Villen, Jachthäfen, Golfplätze und Zweitwohnungen hochzuziehen.

Am unteren Rand unserer Stadt, manchmal direkt am Meer, windet sich auf voller Länge eine der gefährlichsten Straßen von ganz Spanien: die Küstenstraße N-340 (heute AV7). Immer voll, immer Stress, selbstmörderische Motorradfahrer, die Sie links und rechts und in der Mitte überholen, Linienbusse, die grußlos aus der Haltebucht wieder auf die Straße einscheren, und mitten in den unübersichtlichsten Kurven sind Auffahrten praktisch ohne Beschleunigungsspur angebracht. Wenn Sie auf dem Beifahrersitz – oder ganz bequem im Bus – sitzen, können Sie allerdings immer wieder eine großartige Aussicht auf Strand und Meer genießen.

Die Alternative dazu findet sich am oberen Rand der Stadt: die Küstenautobahn AP7. Hervorragend ausgebaut, so gut wie unbenutzt, sicher, stressfrei und teuer. Von Málaga bis Gibraltar werden Sie viermal zur Kasse gebeten. Je nach

Saison und Größe des Gefährts kostet Sie das insgesamt zwischen 10 und 30 Euro.

Mittendrin, 50 Kilometer von Málaga und 70 Kilometer von Gibraltar entfernt liegt der berühmteste und berüchtigtste Ort unserer Küstenstadt: Marbella. Aber der war ja schon ein Kapitel für sich. Hier möchte ich Ihnen im Schnelldurchgang die übrigen Unterzentren dieser Costa-del-Sol-Stadt vorstellen, die alle versuchen, sich gegenseitig den Rang abzulaufen: Torremolinos, Benalmadena, Fuengirola und Estepona. Und damit keiner meint, dass die Reihenfolge, in der ich die Städte nenne, schon etwas über die Bedeutung aussagt: Ich habe die Orte so geordnet, wie Sie auf dem Weg von Malaga nach Gibraltar an ihnen vorbeikommen.

Torremolinos (Windmühlen)

ist der Ort, an dem in den Sechziger-Jahren des 20. Jahrhunderts das Märchen von der Costa del Sol begann: aus dem verschlafenen kleinen Fischerdorf wenige Kilometer außerhalb von Malaga, gleich hinter dem Flughafen, entwickelte sich ein gigantisches Tourismus-Zentrum, das bald Besucher aus aller Welt anzog. Und alle mit James Micheners Bestseller, den „Kindern von Torremolinos" im Gepäck. Michener beschrieb eine junge Generation auf der Suche nach sich selbst.

Bei den Lesern blieb vor allem Sex & Drugs & Rock'n Roll unter südlicher Sonne hängen – besser kann man für einen Ferienort wohl nicht werben. Aufgrund des grossen Süßwasser Vorkommens konnten hier die ersten großen Hotels gebaut werden. Das damalige Gand-Hotel Pez Espada (Schwertfisch) wurde in den 60er Jahren von vielen namhaften Größen besucht, unter anderem von Frank Sinatra, der 1964 einem Hollywood Film im El

FRANK SINATRA, MULTADO CON 25.000 PTAS

El actor cinematográfico Frank Sinatra, entrando acompañado de unos inspectores de Policía en la Comisaría de Málaga, donde por orden del Gobernador civil había de responder a cargos por escándalo formulados contra él. Aclarados y comprobados los hechos fue sancionado con la multa de 25.000 pesetas.

(Información en página 8)

Chorro, „Colonel von Ryans Express", als Hauptdarsteller beiwohnte. Da für ihn die Hotelbar eine magnetische Wirkung hatte, stritt er sich im Laufe des Abends mit einem Fotografen, der ihn mit einer unbekannten Schönheit fotografierte, und schlug ihm die Kamera aus der Hand. Der wiederum holte sich Verstärkung durch die Guardia Civil und alle versuchten ihn wieder zu beruhigen. Als er sich aber über den uniformierten Mann auf dem großen Bild über der Rezeption lustig machte (General Franco), verwies man ihn außer Landes und der Regisseur musste den Dreh mit einem Double zu Ende drehen.

Die heutigen riesigen Hotelanlagen direkt am Strand muss man nicht lieben. Aber praktisch sind sie schon: für die Hotelkonzerne und die Reiseveranstalter genauso wie für die Besucher: Da weiß man, was man hat und was eben nicht. Diese Stadt war schon immer die Schwulenhochburg auf dem spanischen Festland und im Januar 2016 hat der Bürgermeister von Torremolinos, José Ortiz, die Stadt für alle LGBTI (Lesben,Schwule, Bisexuelle, Transgender und Intersexuelle) beworben. All diese Menschen kommen sehr gerne, denn die Strände von Torremolinos sind schon besonders, sehr breit, sehr gepflegt, sehr sandig,

gehören zu den schönsten der Costa del Sol und ziehen sich über einige Kilometer lang.

Absolut sehenswert ist der gardin Botánico Molino de Inca. Wenn Sie von der Schnellstrasse (A7) Richtung Torremolinos abbiegen, sehen Sie die Beschilderung auf der rechten Seite.

Die Gartenanlage ist 4 Hektar groß und ist von Di-So. geöffnet.

Für nur 1 Euro Eintritt pro Person bekommt man für ca. 2 Std. einen schönen gepflegten botanischen Garten zum Abchillen geboten. Es werden beispielsweise 150 Palmen von über 50 verschiedenen Arten sowie über 300 Bäume von 60 verschiedenen Arten und etwa 400 Sträucher der verschiedensten Regionen Spaniens dargestellt.

Der kleine „Japanische Garten" ist absolut sehenswert. Dazu sind diverse Vögel und Eulen in
allerdings zu kleinen Volieren zu sehen. Eine gute
Geschichte über die Mühlen und die Könige wird
auch erzählt.

Die Strandpromenade von Torremolinos geht
Richtung Westen gleitend in die von Benalmádena
über. **Benalmádena** ist wohl das Disneyland der

Costa del Sol. Alles, was einzigartig war, durfte hier gebaut werden. Die 60.000 Einwohner leben allerdings anders als in Torremolinos nicht alle an der Küste, sondern zu einem guten Teil in den Bergen. Der alte Ortskern, Benalmádena-Pueblo, liegt nämlich einige Kilometer landeinwärts und in 300 Metern Seehöhe, mit engen Gassen, weißgekalkten Häusern und einem schönen Blick auf den Häuserbrei weiter unten. Dort oben finden Sie auch die wichtigsten Sehenswürdigkeiten des Ortes: der goldene Stupa, der größte buddhistische

Energieträger Europas, für Besucher geöffnet und mit eigenem Busparkplatz ausgestattet. Genau gegenüber ist die große Schmetterlingsausstellung und nur einen Steinwurf entfernt der Aldi-Markt mit der weltweit schönsten Aussicht. Und wenn Sie noch ein bisschen höher hinaus wollen: Mit der Seilbahn, die unten im Ortsteil Arroyo de la Miel startet, kommen Sie bequem zur Bergstation in 771 Metern Höhe. Der Sporthafen ist wohl einer der schönsten an der andalusischen Küste und wenn Sie schon einmal hier sind, besuchen Sie Seaworld mit seiner fantastischen Unterwasserwelt. Sollten Sie im Sommer hiersein, können Sie auch mit einem Schiff eine

Delfintour unternehmen. Die Trefferquote liegt immerhin bei 50%.

Noch in den 1950er Jahren war **Fuengirola** ein kleines Fischerdörfchen mit 800 Einwohnern. Aktuell sind es offiziell etwas mehr als 70.000, aber das mit den Zahlen ist so eine Sache. Wie in allen Orten hier gibt es viele nicht registrierte Dauer-Bewohner und dann noch die Touristen in Hotels, Apartments und Zweitwohnungen. 150.000 Fremdenbetten sind offiziell registriert, aber in der Hochsaison kann Fuengirola schon eine Einwohnerzahl von 500.000 erreichen. Im Süden der Stadt liegt auf einem Hügel direkt an der Küstenstraße, die alte maurische Festung „Castillo de Sohail", das Wahrzeichen von Fuengirola. Die

Burg wurde auf Anweisung von Abd ar-Rahman III, dem 1. Kalifen von Córdoba im Jahre 956 zum Schutz der Küste errichtet. Sie erinnert uns daran, dass Fuengirola eine der letzten Bastionen der Mauren in Spanien war und von den Katholiken erst 1487, fünf Jahre vor dem Fall Granadas, erobert werden konnte. Heute ist die Ruine ein beliebtes Ausflugsziel, und im Inneren finden häufig Musikveranstaltungen, Feste oder Märkte statt – und auch das größte Oktoberfest mit dem dazugehörigen Bier, hier an der Küste. Ach ja, 2013 wurde die Bürgermeisterin von Fuengirola,

Esperanza Oña, zur "Bürgermeisterin des Jahres" gekürt. An fast jedem Samstagvormittag haben Sie die Gelegenheit, den größten Flohmarkt der

Region auf dem grossen Feriagelände zu besuchen. Geöffnet von 10-14h.

Erst in den letzten Jahren in die Größenklasse der drei zuletzt genannten Touristenzentren hineingewachsen ist **Estepona** mit inzwischen ebenfalls mehr als 60.000 Einwohnern. Es war schlicht der einzige Ort unserer Küstenstadt, den man noch ungestört zubauen konnte – natürlich auch ungestört von hässlichen Flächennutzungsplänen oder Baurechten. Wie die meisten langjährigen Bürgermeister hier ist natürlich auch der von Estepona vom Rathaus direkt ins Gefängnis umgezogen. Der gerade erst neu gewählte Bürgermeister von der konservativen Partei ist hingegen natürlich über jeden Verdacht erhaben: Er sitzt schließlich seit vielen Jahren im Patronatsvorstand unserer deutschen Schule. Zu den Attraktionen Esteponas gehören der Tierpark Selwo, das Stierkampfmuseum, das in die Arena integriert ist, sowie natürlich die mehr als 20 Kilometer Küstenlinie mit vielen schönen Stränden.

Habe ich noch einen Ort hier vergessen? Na klar: den Ort, der hier immer vergessen wird – **San Pedro**. Sein voller Name lautet San Pedro de Alcántara, er hat 25.000 Einwohner und liegt zwischen Marbella und Estepona. Genauer gesagt: Er liegt in Marbella, denn formal handelt es sich um einen Stadtteil Marbellas. Aber die Einwohner San Pedros fühlen sich von den ein paar Kilometer weiter östlich wohnenden Marbellanern vernachlässigt und zurückgesetzt. Alle Investitionen landen im Zentrum Marbellas, für San Pedro bleiben nur ein paar Brosamen übrig.

Solche Quengeleien kennen Sie sicherlich auch aus Deutschland, vor allem dort, wo in den 70er und 80er Jahren unter dem harmlosen Namen „Gebietsreform" oft seit Jahrhunderten verfeindete Nachbarorte zusammengelegt wurden. Aber wenn man nur die Geschichte des Baus der Ortsunterquerung von San Pedro verfolgt, kann man

schon verstehen, dass sich die Leute dort zurückgesetzt vorkommen. Nach zwanzigjährigem Hick-
hack um die Streckenführung und entsprechend
langem Stau wurde 2008 endlich mit dem Bau
begonnen, der die Durchgangsstraße Richtung
Gibraltar unter die Erde legen soll. Angesetzt
wurden 2 Jahre spanische Bauzeit. Im Frühjahr
2012 wurde die Untertunnelung endlich fertiggestellt, gerade mal 1 Kilometer lang, aber mit einer
schönen bunten Beleuchtung kann man jetzt
ohne jegliche Verzögerung den Ort unterfahren.

Mijas Pueblo,

auch der Balkon der Costa del Sol genannt,
liegt in 428 m Höhe an dem gleichnamigen Berg

„Monte de Mijas", welcher von prächtig grünen und duftenden Pinienbäumen umgeben ist. Von hier aus hat man einen traumhaften Blick auf das rund 8 km entfernte und direkt am Mittelmeer gelegene Mijas -Costa und Fuengirola.

Mijas Pueblo hat bis heute einen Teil seiner eigenen Kultur bewahren können, auch wenn die Haus- und Grundstückspreise mittlerweile schon die Spitzenwerte an der Costa del Sol erreicht haben. Allerdings erwartet einen hier an schönen Tagen ein ganzer Schwarm Touristen, die sich auch die vielen teilweise künstlich geschaffenen Sehenswürdigkeiten ansehen möchten. Das ist eben der Preis für die Berühmtheit des Ortes.

Trotzdem ist das berühmte kleine Bergdorf in jedem Fall mindestens einen Ausflug wert, da sich die Einwohner sehr viel Mühe bei der Restaurierung, aber auch beim Erhalt Ihres Ortes geben. Alles macht einen sehr gepflegten Eindruck, allerdings sind die Preise in den Restaurants, Bars und den unzähligen Souvenirläden auch nicht mit denen in Ortschaften wie Salares oder Sedella, die im Hinterland der östlichen Axarquía liegen, zu vergleichen.

Am Eingang des Ortes kann man sein Fahrzeug in einem großen Parkhaus abstellen. Dies ist sehr

empfehlenswert, da jeder freie Platz von gnaden-
losen Wildparkern belegt ist und die Fußgänger
daher oft Schlangenlinien laufen müssen. Vor allem mit dem Kinderwagen ist das eine wirkliche
Herausforderung. Hat man die ersten "Blechhür-
den" erfolgreich hinter sich gebracht, warten die
berühmten Esel von Mijas auf einen. Diese sogenannten „Burrotaxis" gibt es in dieser Form nur in

diesem Dorf. Sie sind registriert, geimpft und haben sogar ein Kennzeichen vorne am Kopf. Wenn
Sie ein paar Meter weitergehen, meldet ihnen ihre

Nase die nächste Attraktion, die frisch gebrannten Mandeln. Hmmmm...einfach köstlich, diese „Almendras". Im alten Part von Mijas Pueblo reiht sich ein Restaurant an das nächste - nur ab und zu unterbrochen von dem einem oder anderen Souvenirladen, der für relativ viel Geld alles mögliche mehr oder weniger Nützliche an den Mann/ Frau bringen will. Na ja, ein richtiger Touristenort eben. Bei der Ermita de la virgen de la Peña handelt es sich um eine Höhle aus dem 17. Jahrhundert. Sie wurde von einem Karmeliterbruder in den Jahren zwischen 1656 und 1682 per Handarbeit in den Felsen gehauen. An der Epistelseite wurde später eine Sakristei hinzugefügt, die aus unregelmäßigem Stein errichtet wurde, um ein möglichst natürliches Werk nachzuahmen. Der Außenbereich am Fuße wurde in gleicher Absicht aus demselben Material erstellt und weist einen Rundbogen und eine kleine Glockenmauer auf. Innen treffen sich die Gläubigen von Mijas, um zu beten, und Touristen, die die Ausstellungsstücke bewundern möchten. Beim Hineingehen werden Sie auf der rechten Seite sehr viele persönliche Gegenstände sehen und Unmengen von kleinen Zettelchen, die in die Nischen hineingesteckt wurden. Der Legende nach sollen alle Wünsche,

die hier hinterlassen werden, zu 100% in Erfül-
lung gehen! Mein Selbstversuch mit meinen Lot-
tozahlen hat leider nicht funktioniert. In einer un-
regelmäßig in die Stirnseite gehauenen Mauerni-
sche befindet sich eine Heiligenstatue: die Virgen
de la Peña, die Schutzpatronin von Mijas, die von
der Bevölkerung Mijas sehr verehrt wird. Heute
dient dieser Ort als Aussichtspunkt, von dem man
einen tollen Ausblick hinunter zum Mittelmeer
hat. Natürlich kann man hier auch etwas essen
und trinken. Eine der ältesten und die einzige
ovale, sehr kleine Stierkampfarena in Spanien
können Sie in Mijas Pueblo bewundern. Die 'Cor-
ridas' - so nennt man die Stierkämpfe in Spanien
- finden Sonntags abends statt, meistens um sieben Uhr. Früher fing der Stierkampf um fünf Uhr
an. Die heute nicht gerade unumstrittene Veran-
staltung dauert etwas mehr als zwei Stunden, in
denen die Toreros sich mit sechs Stieren messen.
Ein Kampf dauert im Durchschnitt zwanzig Minuten und endet nicht immer (aber meistens) töd-
lich für die Stiere. Besonders tapferen und muti-
gen Stieren schenkt das Publikum das Leben. An
jedem Mittwoch um 12h können Sie gegenüber
dem Rathaus eine kostenlose Flamencovorfüh-
rung genießen. Das Völkerkundemuseum mit al-

len historischen Dingen, die man früher so hatte, inklusive einem Nachbau einer typischen andalusischen Behausung, können Sie gegen einen kleinen Eintritt im oberen Bereich gegenüber der Kirche bewundern.

Costa Tropical

Als sich die Politiker der Provinz Granada diesen Namen wählten, haben sie sich mit Sicherheit von keinem Klimaforscher beraten lassen. Für die gibt es nämlich in ganz Europa nirgends ein tropisches Klima, dafür wird es im Winter zu kalt. Aber wenn das mit der Klimaerwärmung so weiter gehen sollte, wäre dieser Küstenstreifen sicherlich einer der ersten, der tropische Dimensionen erreichen könnte. Die Winter sind auch für andalusische Verhältnisse sehr warm, Niederschläge sind Mangelware, einige Orte brüsten sich sogar damit, pro Jahr 365 Sonnentage zu haben.

Früher nannte man so etwas Wüste. Und böse Menschen verpassten der kargen, trockenen Landschaft denn auch das Etikett „culo de Espana", der Arsch von Spanien. Aber seit der Erfindung der Plastikfolie kann man mit ein bisschen künstlicher Bewässerung auch die Wüste in ein Treibhaus verwandeln, weswegen hier in ganz großem Stil Landwirtschaft betrieben wird: Die Gegend um Almeria ist die größten Tomatenanbaustelle, die wir hier in Spanien haben, und hat auch in vielen deutschen Supermärkten die holländischen Tomaten verdrängt.

Leider Gottes sieht das optisch nicht sehr schön aus. Die ganze Küste entlang erstrecken sich Folienzelte, unter denen die Tomaten wachsen. Die Umbenennung in Costa de Plastico wurde bereits vorgeschlagen, aber so viel Ehrlichkeit darf man von Provinzpolitikern natürlich nicht erwarten. Der größte Betreiber dieser Tomatenfarmen hat übrigens mal im Fernsehen geäußert, dass er seine eigenen Produkte eher nicht essen würde. Warum seine Tomaten hier in Spanien teurer verkauft werden als in Deutschland, konnte er hingegen auch nicht erklären.

Der Küstenstreifen von Málaga bis Nerja ist die Hochburg deutscher Residenten in Andalusien. Orte wie Torrox und Algarrobo sind fest in deutscher Hand, Sie werden deutsche Bäcker, deutsche Schlachter und natürlich deutsche Gaststätten finden. Sieht ein bisschen aus wie in Mallorca dort.

Nerja

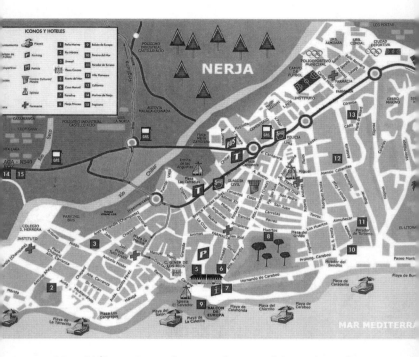

Von Málaga in Richtung Almeria fahrend stößt man unweigerlich auf die Stadt Nerja. Und da dort an jeder zweiten Straßenkreuzung ein Schild den Weg zur Cueva, also der Höhle weist, handelt es sich offensichtlich um eine ganz besondere Höhle. In der Tat: In Nerja gibt es die größte Tropfsteinhöhle Spaniens, das ganze Jahr hindurch für Besichtigungen geöffnet. Teilweise zumindest: Die hinteren Bereiche sind nur für Höhlenforscher zugänglich, aber da die Höhle insgesamt 4823 Meter lang ist, bleibt auch für Sie genug zum Besichtigen übrig.

Erst 1959 wurde die Höhle entdeckt, besser gesagt: wiederentdeckt, denn schon vor etwa 30.000 Jahren wurde sie von Menschen bewohnt. Die Wissenschaftler haben unter anderem gefunden: Tier- und Menschenknochen, Steinwerkzeuge, Tonkeramiken, Marmorringe, Getreidereste und Malereien, unter denen ein Hirsch mit dunklem Fleck hervorsticht. Allerdings endete die Nutzung der Höhle aus unbekanntem Grund wohl vor etwa 4000 Jahren. Die zwei Jungs, die diese Höhle entdeckten, als sie auf Fledermausjagd gingen, waren danach gemachte Männer. Sie haben einen festen Arbeitsvertrag bekommen, das war damals eine absolute Rarität, und sind Höhlenführer geworden, für die Touristen. Einer von ihnen führt übrigens immer noch durch die Höhle, der andere hat sich leider verlaufen. Die berühmteste Sehenswürdigkeit in dieser Höhle ist ein Stalagmit, der 32 Meter hoch ist und 18 Meter Durchmesser hat.

In Nerja selbst können Sie den „Balkon von Europa" bewundern, einen Felsen mit wunderbarer Aussicht bis nach Afrika und einem schmalen, steilen Weg zu einer kuscheligen kleinen Bucht direkt darunter. Der Herr, der auf dem Balkon in

Lebensgröße und in Bronze steht, hat diesen Platz zwar nicht erbaut, aber doch immerhin einmal mit seinem Besuch beehrt: Am 20. Januar 1885 hielt König Alfons XII. dort eine Ansprache zum Gedenken an die 900 Opfer des Erdbebens, das am Weihnachtstag 1884 die Region erschüttert hatte. Ganz in der Nähe von Nerja steht übrigens ein

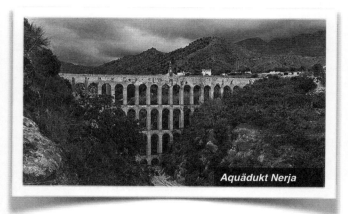

Aquädukt Nerja

römisches Aquädukt, ein hervorragendes Bauwerk in sehr gut erhaltener Substanz. Damals konnte man offensichtlich also schon erdbebensicher bauen.

Frigiliana

Nicht unweit von Nerja liegt der malerische Ort Frigiliana. Am Hang des Gebirges Sierra Almijara gelegen bietet der Ort einen spektakulären Pan-

oramablick auf die Costa del Sol. Struktur und Erscheinungsbild seines alten Ortskerns sind aus der Maurenzeit erhalten. Seine engen, gewundenen und vielfach mit Treppen versehenen Gassen sind durch überdachte Gänge miteinander verbunden, die manchmal mit Türen versehen sind, um so bei Angriffen die Verteidigung des Orts verbessern zu können. Bei einem Rundgang durch den Ortskern kann man interessante Mosaike aus glasierter Keramik entdecken, die von den Ereignissen zwischen Mauren und Christen am Frigiliana-Felsen berichten. Ebenfalls bemerkenswert ist der aus dem 16. Jahrhundert stammende Palast der Grafen von Frigiliana, der später in eine Fabrik zur Herstellung von Rohrzucker umgewandelt wurde. Empfehlenswert ist eine Fahrt mit der Bimmelbahn, die am Ortseingang steht. Die Fahrt kostet 3€ und dauert ca. 20 Minuten.

Guadix

Als ich das erste Mal von einer Stadt hörte, in der eine Grosszahl der Einwohner (4.000-10.000) unter der Erde leben, konnte ich es kaum glauben. Aber nördlich von Granada befindet sich tatsächlich die „Höhlenstadt Guadix" mit ihren ca. 2.000 Höhlenwohnungen. Wie hier überall geht ihre Geschichte auf die Phönizier und Römer zurück. Zudem spielte die Stadt eine bedeutende Rolle in der spanischen Reconquista.
Ein bisschen gewöhnungsbedürftig sind diese Unterkünfte schon. In der Regel gibt es nur eine Aussenfassade mit Tageslicht. Generell wurde die

Küche wegen den Gerüchen und der Sicherheit (Gas) direkt an dieser Aussenfassade angelegt. Der Vorteil dieser Häuser bestand darin, dass, wenn man es benötigte, einfach ein Zimmer mehr gegraben werden konnte - Löffel reicht. Sie können mit dem Auto durch die Höhlengegend fahren, aber es wartet auch gegenüber der Kathedrale eine Bimmelbahn die Sie in eine der Höhlenregion en hin-und zurück bringt. Die „Höhlenbewohner" sind sehr freundliche Menschen, die zugleich sehr stolz auf ihr Heim, oder besser gesagt auf ihre „Höhle" sind. Wenn Sie Interesse an ihren Höhlen zeigen, können Sie sicher sein, dass Sie eingeladen werden, um einen Blick ins Innere zu werfen. Schon zu Zeiten der Mauren zogen es die Andalusier vor, unterirdisch zu wohnen und auf diese Weise der Sommerhitze zu entfliehen. Da es dem Berg egal ist welches Wetter draussen ist, liegt die Temperatur konstant bei 23C. Die meisten Höhlenwohnungen sind, wie jede andere spanische Wohnung auch, gut eingerichtet. Und teilweise gibt es auch sehr luxuriöse Wohnungen mit Marmorböden, Einbauküchen und Internetverbindung.

In der Altstadt von Guadix befindet sich die im Jahre 1594 erbaute Kathedrale sowie das Höh-

lenmuseum an der Plaza de la Ermita Nueva. Beide Sehenswürdigkeiten sind einen Besuch wert.

Die Wüstenlandschaft um die Ortschaft Benalúa de Guadix ist besonders eindrucksvoll. Es lohnt sich wirklich, einen Abstecher durch diese Region zu machen. Sollten Sie Lust verspüren, dieses faszinierende Gebiet noch besser zu erkunden, können Sie von Benalúa de Guadix nach „Baños de las Alicun de las Torres" fahren.

Bei Ihrem Besuch in Guadix wird Sie auch die faszinierende Burg in „La Calahorra" begeistern, die sich nur ein paar Kilometer weiter östlich befindet. Diese beeindruckende Festung wurde einem christlichen Ritter für seine Dienste während der Reconquista zuerkannt. Letzterer beauftragte florentinische Handwerker und ließ den anmutigen und reizvollen Innenhof der Burg mit italienischem Marmor ausstatten. Beachten Sie bei der Geschichte von La Calahorra auch die Rolle, die der frühere Eigentümer des Cortijo namens „Marqués de Mondéjar" hier als Mittelsmann spielte!

Die Rundtürme der Burg mit der Sierra Nevada als gewaltige Kulisse im Hintergrund. Ein Motiv, das oft auf Fotos und Postern zu sehen ist. Die Burgbesichtigung ist geführt und findet nur mittwochs statt (zwischen 10:00 Uhr und 13:00 Uhr oder zwischen 16:00 Uhr und 18:00 Uhr). Die Besichtigungsdauer beträgt ungefähr eine halbe Stunde.

Trevélez

Die Gemeinde Trevélez ist das bekannteste Dorf auf der Schinkenstrasse südlich der Sierra Nevada und liegt mitten in derAlpujarras in der Provinz Granada. Zudem handelt es sich um eine der höchstgelegenen Gemeinden Spaniens (ca.

1500m). Berühmt ist Trevélez vor allem für seine luftgetrockneten Serrano-Schinken die man allerorts probieren und kaufen kann.

Die Anfahrt ist etwas kurvenreich, aber lohnenswert. Die rund 800 Einwohner sind sehr freundlich, und wenn Sie gut essen wollen dann probieren Sie das Restaurant Mesón Haraicel. Urig, preiswert und richtig lecker.

Almería

Wenn Sie mal einen Ort besuchen wollen, wo der menschgemachte Klimawandel heute schon nachweisbar ist, empfehle ich Ihnen Almería, die knapp 200.000 Einwohner zählende Hauptstadt der gleichnamigen Provinz Andalusiens. Eine geophysikalische Studie hat kürzlich ergeben, dass dort die Durchschnittstemperatur in den vergangenen 25 Jahren um 0,3 Grad gesunken ist – und das genau gegenläufig zum steigenden Temperaturtrend im übrigen Spanien. Als Ursache vermuten die Forscher das, was einem als erstes ins Auge fällt, wenn man sich der Stadt nähert: Gewächshäuser aus Glas oder Plastik. Deren Dächer reflektieren einen Teil der Sonneneinstrahlung zurück in die Atmosphäre, bevor sie den Erdboden erreichen, so dass weniger Wärmeenergie zur Verfügung steht: eine ganz besondere Form des Treibhauseffekts.

Bibbern muss man aber noch längst nicht, wenn man nach Almería kommt: Die Stadt ist diejenige mit den meisten Sonnenscheinstunden Spaniens – fast 3000, und damit etwa doppelt so viel wie im deutschen Durchschnitt. Die früher sehr, nun ja, bäuerlich geprägte Region wurde durch Tourismus und eine 1993 gegründete Universität modernisiert, aber sehr viel dünner sind die Schädel der Ureinwohner dadurch nicht geworden. Wenn Sie die derzeit berühmteste Sehenswürdigkeit der

Region besichtigen wollen, sollten Sie sich beeilen. Denn es sieht fast danach aus, als ob demnächst der Schwarzbau „El Algarrobico" im Naturpark Cabo de Gata doch abgerissen werden könnte. Ein Betonmonster ohne jede Baugenehmigung mitten im Biosphärenreservat, das seit vielen Jahren von Greenpeace mit allen aktionitischchen und juristischen Mitteln bekämpft wurde. Nachdem 2009 schon der Abriss gerichtlich verfügt wurde, wurde er im Herbst 2011 noch einmal gerichtlich verfügt – jetzt aber wirklich. Wie wirklich dieser Beschluss tatsächlich ist, bleibt allerdings abzuwarten, denn bis Mitte 2016 wurde noch kein Stein bewegt, obwohl der oberste Gerichtshof den Abriss am 18. Februar 2016 noch einmal anordnete.

Ganz in der Nähe von Almería, in der Sierra de Tabernas, befand sich übrigens ein wichtiger Standort der Filmindustrie. Hier ist die Hauptstadt des Spaghetti-Westerns, hier wurden „Spiel mir das Lied vom Tod" und „Vier Fäuste für ein Halleluja" gedreht, auch Lawrence von Arabien, Kleopatra und Indiana Jones tummelten sich in der Mondlandschaft oder den Geisterstädten von Mini-Hollywood. Wenn heute dort Kameras laufen, dann eher die Digicams von Touristen, denn die alten Filmgelände können besichtigt werden. Nur

Yucca city Almeria

manchmal finden auch heute noch Filmteams den Weg in die wüsteste Landschaft ganz Europas – so im Jahr 2000 die Crew von Bully Herbigs Western-Parodie „Der Schuh des Manitu" oder 2013 der Film von Sir Ridley Scott "Exodus". Für diesen Streifen suchte man 2.000 Statisten, die die Sklaven verkörpern sollten -und natürlich hat man die, die zu klein für ihr Gewicht waren, abgewiesen, da in der damaligen Zeit, Sklaven nicht zur weight watchers Zielgruppe gehörten. Gab dann wieder eine Klage wegen Diskriminierung der Übergewichtigen.

Costa de la Luz

Wenn Sie an der Sonnenküste entlang immer Richtung Sonnenuntergang, also Westen fahren, müssten Sie eigentlich im Dunklen landen. Statt dessen erreichen Sie die Küste des Lichtes, die Costa de la Luz. Da sie am Atlantik liegt, hat die Costa de la Luz nicht nur natürliche Sandstrände von einer atemberaubenden Breite, sondern auch hohe Sanddünen. Und da Dünen nur dort entstehen, wo es neben Sand auch reichlich Wind gibt, sind wir bereits bei der Hauptattraktion dieser Küste angelangt: dem Wind. Im August kann es Ihnen mal passieren, dass kein Lüftchen weht, aber da müssen Sie schon viel Pech haben. An 360 Tagen im Jahr weht entweder der Poniente aus dem Westen oder der Levante aus dem Osten, die Windstärke liegt nur selten unter 6.

Schon aus weiter Ferne sehen Sie eine der drei Haupt-Einnahmequellen der Costa de la Luz: gigantische Windräder. Ganz in der Nähe von Tarifa steht der älteste Windpark Spaniens. Er ist bereits in den 60er Jahren gebaut worden. Kurioserweise habe ich gehört, dass der Strom, der dort produziert wird, nach Marokko verkauft wird. In Deutschland wird an den überall sprießenden Windkraftwerken immer herumgemäkelt, dass sie nur hin und wieder Strom liefern, eben nur dann, wenn der Wind weht. An der Costa de la Luz ist das ganz anders: Wenn Sie Ihren Computer direkt an ein Windrand anschließen, funktioniert er zuverlässiger als bei einer normalen Steckdose. Sollten Sie jemals in die Versuchung kommen, hier in Andalusien ein Buch zu schreiben: Speichern Sie den Text alle fünf Minuten, sonst sehen Sie alt aus, wenn die Endesa mal wieder den Strom abknipst.

Einnahmequelle Nummer Zwei sehen Sie vermutlich, wenn Sie auf dem Weg von Algeciras nach Tarifa die ersten Windräder passieren. Sie haben dort einen herrlichen Ausblick auf die Straße von Gibraltar, das zum Greifen nahe Afrika und irgendeine der Fähren, die zwischen dem marokkanischen Tanger und Tarifa, dem südlichsten Punkt Europas, verkehren.

Tarifa

Mit seinen knapp 18.000 Einwohnern ist Tarifa die südlichste Stadt Europas, die Sie auf keinem Fall verpassen sollten. Eine sehr jugendlich geprägte Stadt bedingt durch die mannigfaltigen Sportmöglichkeiten. Die am Hafen und Meer gelegene Altstadt mit ihren kleinen verwinkelten Gassen überzeugt mit ihrer Geschichte und ihren Einkaufsmöglichkeiten. Zum Beginn der Sommerferien sammeln sich auf der Ebene vor Tarifa Tau-

sende von hoch beladenen Autos mit französischem Nummernschild und übermüdeten arabischen Fahrern, um auf die Überfahrt zu warten. Zum Ende der Sommerferien machen sie sich genauso überladen wieder auf den Rückweg – aber wenigstens sind sie dann noch nicht übermüdet. Wenn Sie selbst sich auch auf den Weg nach Afrika machen wollen, schauen Sie ganz hinten in diesem Buch nach oder fragen Sie in Ihrem Hotel nach Tour-Angeboten. Am besten beides.

Und Einnahmequelle Nummer Drei ist nicht mehr zu übersehen, wenn Sie sich von den Passhöhen herunter in Richtung Tarifa begeben: Surfer, Surfer, Surfer. Ob Kite- oder Windsurfer, ob am Strand oder im Wasser, ob auf dem Campingplatz, im Hotel oder im Café, Sie können ihnen nicht entrinnen: Tarifa ist eine der Surfer-Hauptstädte Europas. Und was haben die Leute in Tarifa gemacht, bevor das Windsurfen und die Förderung regenerati-  ver Energiequellen erfunden wurden? Sie haben gefischt und Krieg geführt. An der Nahtstelle zwischen Europa und Afrika, am schmalen Durchgang zum Mittelmeer ging es schon immer heiß her. 50 Kilometer weiter Richtung Westen liegt beispielsweise das Kap Trafalgar, an dem 1805 der britische Admiral Nelson Napoleons Flotte auf Grund setzte.

Schon der Name Tarifa kommt von einem Soldaten, einem gewissen Tarif Ben Malik, der sich vor 1300 Jahren hier umschaute, wo denn die maurischen Truppen am besten ihre Invasion Spaniens starten könnten. Die noch sehr gut erhaltene Festungsanlage stammt zum größten Teil aus der höchsten Blütezeit des maurischen Al-Andalus um die Jahrtausendwende.

1292 eroberten die Christen Tarifa zurück, mussten sich aber bereits zwei Jahre später einer Belagerung durch die Mauren erwehren. Dabei erwarb sich Alonso Pérez de Guzmán, der christliche Statthalter, bleibenden Ruhm und den Beinamen „el Bueno", der Gute: Die Angreifer hatten seinen Sohn in Gewahrsam genommen, also gekidnappt, und dann versucht, Guzmán zu erpressen: Wenn er die Festung nicht freiwillig rausrückt, würde man seinem Sohn etwas antun. Daraufhin soll Gúzman ein Messer die Mauer hinuntergeworfen haben: „Was ist los, habt ihr keine Waffen, um eure Drohung auszuführen?"

Noch früher, in der Antike, soll irgendwo zwischen Tarifa, Cadiz und Sevilla die sagenumwoben reiche Stadt Tartessos gelegen haben. All jene Schätze und Rohstoffe, die es im Mittelmeerraum nicht gab, etwa Zinn oder Bernstein, importierten die Phönizier aus eben jenem Tartessos – auch Silber gab es dort in Hülle und Fülle. Die Phönizier, die den Handel im gesamten westlichen Mittelmeer beherrschten, verrieten aber niemandem, wo diese Stadt genau lag, nicht dass jemand versuchen würde, ihnen ihr Monopol im Handel mit Tartessos streitig zu machen. Alle Versuche späterer Forscher, nach den Überresten jenes sagenhaften Ortes zu suchen, blieben vergeblich, den bislang letzten Versuch unternahm vor ziemlich genau hundert Jahren ein deutscher Archäologe.

Sie können sich natürlich gerne selbst an die Arbeit machen, auf altes Mauerwerk, Tonscherben und sonstige antike Hinterlassenschaften stößt man bei uns überall. Nur Tartessos werden Sie dabei nicht finden: Die meisten Forscher vermuten heute, dass die Phönizier diese Stadt nur erfunden haben, um ihre Bezugsquellen jenseits des Mittelmeers zu verschleiern. Dass sie beispielsweise bis nach Großbritannien fuhren, um dort Zinn zu beschaffen, brauchte nun wirklich niemand zu wissen.

Arcos de la Frontera

Dieses beschauliche Städtchen mit seinen rund 31.000 Einwohnern finden Sie unweit von Jerez

de la Frontera. Die Altstadt ist oberhalb der Neu-
stadt angesiedelt und beherbergt das Rathaus,
ein Parador Hotel und die alte Kirche Santa Maria
de la Asuncíon. Gleich hinter dem Rathaus befindet sich das alte Schloss, erbaut von den Arabern
im 11. Jahrhundert,
und daran angebaut
der Palast der Herzö-
ge von Arcos. Auffällig
sind die vielen Stütz-
bögen, welche die
Häuser oberhalb der
engen Gassen verbin-
den.

Entlang der Haupt-
straße gelangt man zu
einer zweiten großen Kirche, *San Pedro*, die im
gotischen Stil erbaut wurde. Sie wurde im 16.
Jahrhundert an die Stelle einer maurischen Burg
errichtet. Zu den weiteren Sehenswürdigkeiten
gehören einige prachtvolle Bürgerhäuser, u.a. der
Palacio del Conde del Águila aus dem 15. Jahrhundert, der Palacio del Marqués de Torresoto,
ein Barockbau aus dem 18. Jahrhundert, und der
Palacio del Mayorazgo, ein Renaissancebau aus
dem 17. Jahrhundert.

Mit dem Bus halten Sie am Pláza de España und gehen die mit vielen Geschäften ausgestattete Hauptstraße hinauf zur Altstadt. Die Bimmelbahn, die Sie am Pláza de España erblicken, fährt allerdings nur für geschlossene Gruppen den Berg hinauf. Im oberen Bereich der Hauptstraße befindet sich die Touristeninformation, in der Sie kostenlos einen Ortsplan in Ihrer Sprache bekommen. Gleich am unteren Ende (am Pláza de España) befindet sich eine Bar auf der linken Seite mit einer Außenbestuhlung, wo der Dorfalkoholiker fast zu jeder Uhrzeit sitzt. An einem Vormittag habe ich mitbekommen, wie er einer hübschen Spanierin durch seine Dritten nachgepfiffen hat. Daraufhin wurde er von der jungen Wirtin hinein zitiert, zusammengefaltet und kam anschliessend wieder raus, um die Tische zu putzten. Es geht doch nichts über eine gute Erziehung.

4. Das Land

Das Hinterland der Costa del Sol

Wenn Sie in Deutschland aus einer Großstadt herausfahren, fahren Sie noch eine ganze Weile

an Wohn- und Gewerbegebieten vorbei und erreichen schließlich das platte Land. Bei unserer Küstenstadt hier ist das anders. Sobald Sie sich nördlich der Autobahn befinden, hört die Stadt abrupt
auf – und das Land dahinter ist nicht platt, sondern steil.

Jeder, der uns zum ersten Mal in Andalusien besucht, wundert sich über die vielen Berge. Fakt
ist, dass Spanien das zweitbergigste Land Europas ist – nach der Schweiz. 80 Prozent der Straßen, die wir hier bauen, führen nach oben oder
unten. Das macht es für uns auch so schwer, den
Kindern das Fahrradfahren beizubringen. So ab
dem 4.Lebensjahr fordern die alle Motor-Unter-
stützung, die sie natürlich auch bekommen. Kinder können da sehr laut werden.

Die höchste Erhebung hier an der Küste haben
wir in der Nähe von Málaga mit knapp 2000 Metern. Deshalb haben wir auch nur hier in Málaga
ein subtropisches Klima mit sehr hoher Luftfeuch-
tigkeit im Sommer. Deshalb wächst hier ein toller
Wein, Moscatel, sehr kleine Trauben, auch die
Stöcke sind nur kniehoch, das kommt den Andalusiern sehr entgegen, die sind ja nicht so groß.
Der Wein, der daraus gemacht wird, ist sehr ge-
haltvoll, hat 17 Umdrehungen, sehr süß, aber

kein Zucker, alles Sonne. Ist für uns ein schöner Magenöffner vor dem Essen, kühl serviert.

Außerdem trennt diese Gebirgskette unsere Klimazonen. In der Sierra herrscht schon kontinentales Klima. Das ist im Winter nass und kalt, im Sommer heiß und trocken. In Marbella genießen Sie das mediterrane Klima, das ist im Winter eher kühl als kalt und im Sommer eher warm als heiß. Da müssen Sie aber aufpassen: Durch den Wind merken Sie gar nicht, wie intensiv die Sonne ist. Was sich wie angenehme 25 Grad anfühlt, ist für die Haut eher 35. Das ist aber nur gefährlich für hellhäutige Menschen – wie die Engländer, die Erfinder der Rottöne. Aber die haben das Glück, dass sie keine Schmerzen spüren, bekanntermaßen fehlen ihnen die Enzyme dafür.

Das steile Gelände hat uns ein paar besonders schöne Ausblicke beschert. Und hässlich sind die Steinbrüche, aus deren Material unsere Küstenstadt gebaut wurde und wird. Allein an der Straße von Marbella nach Coín haben wir zehn Steinbrüche – vier davon immerhin mit einer richtigen Genehmigung.

Das Schönste aber, das wir den Bergen des Hinterlandes verdanken, sind unsere weißen Dörfer. Wie an die Felswände geklebt sehen sie manchmal aus, alle Häuser mit weißer Kalkfarbe gestrichen, eine Pláza, eine Kirche, ein Krämer, sechs Bars und viele, viele Treppen, fertig ist das weiße Dorf. 116 davon haben wir hier in Andalusien. Dem Fortschritt jeglicher Art steht man hier traditionell sehr reserviert gegenüber. Autos immerhin werden geduldet, auch wenn sie des schwierigen Geländes wegen selten sind. Als Tourist dürfen Sie sich gerne in die Bar auf dem Dorfplatz setzen, zwei Tapas essen und ein Bier trinken. Aber kommen sie bloß nicht auf die Idee, sich eines der entzückenden weißen Häuschen zu kaufen oder gar mit einer der Schönheiten des Dorfes anzubändeln.

Unsere findigen Bauunternehmer haben zumindest für das Häuschen-Problem eine Lösung gefunden. Sie bauen einfach die einstigen Müllhalden in Golfplätze um und kleben an die Klippen außenrum weiße, würfelförmige Apartment-Anlagen. Bald haben wir deshalb mehr Weiße-Dörfer-Nachbauten als echte Weiße Dörfer.

Bei diesen Nachbauten wird gerne darauf geachtet, dass von den Terrassen aus der Blick nicht nur auf den Golfplatz, sondern auch aufs Meer geht. Wenn man die Kaufinteressenten im strahlenden Sonnenschein oder zum Sonnenuntergang hin durch die Anlage schleust, sieht das auch wirklich beeindruckend aus. Was die stolzen Neubesitzer aber nicht wissen, ist, dass Sie zwar eine schöne Sicht haben, aber auch immer Wetter. Denn da, wo die Sicht besonders gut ist, steht meistens der Wind an oder es hängen sich die Wolken fest. Da haben Sie dann eine wunderbare Terrasse, können aber nicht drauf, weil sie sonst weggepustet werden.

Je weiter Sie sich von der Küste entfernen, desto schroffer werden nicht nur die Felsen, sondern auch die Menschen. Aber schon ein Dorf wie Ojén, keine zehn Minuten von Marbella entfernt, befindet sich in einer anderen Welt. Obwohl hier praktisch alle Häuser Meerblick haben, ist Ojén kaum vom Tourismus infiziert. Die meisten Leute leben hier von der Landwirtschaft, besonders vom Weinanbau. Am Ort gab es einmal die älteste Schnapsbrennerei Spaniens, sogar mit Filialbetrieben in London und Paris. Die Spezialität: ein Anisschnaps nach Geheimrezept. Aber im 19. Jahrhundert hat der letzte Inhaber das Rezept mit ins Grab genommen – er hatte keine Kinder und niemand anderen hielt er für geeignet, das Unternehmen zu übernehmen. Heute ist in der alten Brennerei ein Weinmuseum.

Etwas zwiespältig ist hier im Hinterland das Ver-
hältnis zu den alten maurischen Traditionen. Da
gab es religiöse Eiferer wie eben hier in **Ojén**: Als
im 15. Jahrhundert die Christen Andalusien zu-
rückeroberten, lebten im Ort 114 Menschen – von

Ojén

denen waren genau vier Christen. Und die hatten
nichts Besseres zu tun, als die Moschee einzurei-
ßen und eine winzig kleine Kirche zu bauen. Andererseits haben sich viele der weißen Dörfer
Ende des 16. Jahrhundert den sogenannten Mo-
risken-Aufständen angeschlossen, in denen sich
der Unmut über die neuen spanischen Herren mit
einem Unbehagen an der rabiaten Christianisie-
rung mischte. Außerdem haben viele dieser Dörfer heute noch Namen, die aus der Zeit der Mau-

ren stammen. Anderswo dauerte es nach dem Umsturz gerade mal ein paar Jahre, bevor aus Karl-Marx-Stadt oder Leningrad wieder Chemnitz oder St. Petersburg wurden – aber Genalguacil oder Benahavis heißen immer noch so, als wäre Arabisch die Landessprache, und ein Ort im Hinterland heißt Valle de Abdalajis obwohl in diesem Tal garantiert seit Jahrhunderten keine Familie Abdalajis mehr wohnt.

Gleich zwei Orte bei uns nennen sich sogar „der Garten Allahs", auf arabisch Alhaurin, nämlich Alhaurin el Grande und Alhaurin de la Torre. Der große Garten Allahs ist mit seinen 24.000 Einwohnern bekannt für seine großen Steinbrüche und das Castillo de la Mota, das leider nicht besichtigt werden kann , da

es Privateigentum ist. Aber wenn vor einigen Jahren auf Demonstrationen in Marbella der Slogan „Al-hau-rin!" gerufen wurde, war das andere Alhaurin gemeint: In Alhaurin de la Torre liegt nämlich das Zentralgefängnis der Provinz Málaga. Im Jahr 2006 war es eine Zeitlang der einzige Ort der Welt mit vier Bürgermeistern: Drei davon waren ehemalige Bürgermeister aus Marbella, die dort in Untersuchungshaft saßen.

Für alle 116 weißen Dörfer reicht der Platz hier leider nicht. Aber zumindest ein paar weitere aus dem Hinterland unserer Küstenstadt sollten Sie noch kennen:

Monda ist der erste Ort an der Straße von Marbella nach Coín. Schon Julius Cäsar hat hier seine Krankheiten auskuriert. Die Burg, die über Monda thront, wurde in den 1970er Jahren von einem englischen Konsortium aufgekauft. Heute ist sie ein Vier-Sterne-Hotel mit einem sehr empfehlenswerten Restaurant und gehört dem Alt-Bürgermeister von Estepona.

Zweieinhalb Dörfer weiter im Landesinnern und 350 Meter hoch liegt Guaro. Der Ort ist insbesondere im September einen Ausflug wert, denn dann findet an zwei Wochenenden das arabische Lichterfest Luna Mora statt.

In **Cártama** gibt es die größte Mandelplantage Europas. Aber nicht nur dort, sondern auch an anderen Orten des Hinterlands kann man im Januar und Februar sehr schön die Mandelblüte beobachten. Dann ist hier alles voll von weißen und rosa Blüten. Spanien baut beide Sorten an, die süßen und die bitteren. Ich glaube, die bitteren sind die rosa, und die süßen die weißen, aber verwechseln sollten Sie die auf keinen Fall. Wenn Sie, meine Damen, Ihrem Mann Bittermandeln geben, so wandeln die sich in seinem Darm in Blausäure um, die wiederum kennen Sie als Zyankali. Aber wenn er ablebt, hat er eine ganz rosige Gesichtsfarbe. Und riecht auch gut.

Nicht weit entfernt finden Sie das weisse Dorf **Pizarra** und die verrückteste Bio-Orangenplantage Spaniens mit unserem "Juanito de Naranja". Immer wieder ein Besuch wert- und vergessen Sie um Gottes Willen Ihren Humor nicht.

El Chorro (Camenito del Rey)

Wer hat nicht schon von dem Camenito del Rey gehört oder besser bekannt als der gefährlichste Wanderweg der Welt. Mit mehr als 10.000 Gästen bin ich in den vergangenen Jahren hier gewesen und sie haben, teils vom Zug- oder Bus aus, tolle Bilder geschossen. Allerdings war hier immer ein schneller Finger am Auslöser gefragt.

Den Anlass für den Bau des Camenitos gab das durch den Ingenieur Rafael Benjumea y Burín (1876–1952) entworfene Projekt zur Nutzung des Potentials des Winterregens und der Wasserkraft mittels Talsperren, Rohrleitungen und Wasserkraftwerken. Dazu gehörte ein Kanal, in den ein Teil des Wassers des Guadalhorce durch eine Schlucht, die Garganta del Chorro, abgeleitet wird und der zwei Talsperren der Sociedad Hidroeléctrica del Chorro, nämlich den Salto del Gaitanejo und den Salto del Chorro, miteinander verbindet. Der Caminito wurde gebaut, um in dem äußerst unwegsamen Gelände entlang der Desfiladero de los Gaitanes (Hohlweg der Bartgeier) genannten Kluft das Baumaterial transportieren und die Anlage unterhalten zu können.

Im Jahre 1901 begannen die Arbeiten, zunächst für einen Pfad auf Holzplanken. 1905 wurde er fertig gestellt. Nach und nach wurde der Weg mit Beton und Eisenarmierungen weiter ausgebaut. Als das Gesamtprojekt fertig war, kam König Alfonso XIII. am 21. Mai 1921 zur Einweihung und überschritt die Brücke über die Garganta del Chorro. Daraufhin erhielt der Weg seinen Namen. Rafael Benjumea wurde in Anerkennung seiner einzigartigen Leistung zum „Grafen von Guadalhorce" (Conde del Guadalhorce) geadelt, auch der neue Staudamm wurde ihm zu Ehren „Conde del Guadalhorce" benannt. Allerdings durfte Rafael diesen Adelstitel nicht weitervererben. Die Bewohner der Nachbardörfer nutzten fortan den Weg tagtäglich: die Kinder als Schulweg, die Männer zum Arbeitsstätte, die Frauen für Einkäufe. Nachts war der Caminito beleuchtet, Reste der Laternen sind noch heute am Weg zu finden.

Später verfiel der Weg, an manchen Stellen bröckelten die Betonplatten und nur noch rostige Stahlträger blieben übrig. Zur Begehung waren absolute Trittsicherheit, Schwindelfreiheit und gehobene Klettersteig-Kenntnisse notwendig. Nachdem 1999 und 2000 insgesamt vier Menschen starben, davon drei im Jahr 2000 auf einer Seilrutsche durch die Schlucht (also nicht auf dem Caminito selbst), schloss die Lokalregierung 2001 den Weg und baute Anfang und Ende ab. Trotzdem war das Betreten weiterhin durch einen älteren Steig möglich. Als Zustieg zu den am Caminito befindlichen Kletterrouten wurde dieser auch

weiterhin genutzt. Der Steig wurde beinahe durchgängig mit Stahlseilen gesichert und war für gesicherte und geübte Wanderer gut begehbar.

Parallel zu den Schluchten befindet sich eine Eisenbahnlinie, die durch einen Tunnel durch das

Massiv verläuft. Kletterer nutzten diese Tunnel, um bequemer und schneller in das dahinterliegende Tal zu kommen und um den Caminito nicht zu benutzen. Das Betreten der Gleise und Tunnel der RENFE wurde inzwischen mit einem Bußgeld zwischen 6.000 € und 30.000 € belegt.

Wiederherstellung und Wiedereröffnung:

2006 verabschiedete die Regionalregierung einen Plan zur Wiederherstellung eines Weges durch die Schlucht. Dafür wurden 8.300.000 € veranschlagt. Erst im November 2011 flossen aber die nötigen Geldmittel von 4.500.000 € an die Comarca (Landkreis) Guadalteba. Im Frühjahr 2014 begannen die Arbeiten und wurden Anfang 2015 abgeschlossen. Großteile des Materials, z.B. die Glasplatten für eine bessere Sicht nach unten, hat man mit Hubschraubern transportiert. Der neue, gesicherte Wanderweg, verläuft oberhalb des alten Steges. Die Eröffnung fand am 28. März 2015 statt.

Die Zahl der Wanderer ist zunächst auf 600 pro Tag beschränkt, und seit der Wiedereröffnung ist der Caminito del Rey auf Monate ausgebucht. Ab Mitte 2016 wird der Betreiber warscheinlich ein Eintrittsgeld verlangen, was irgendwo bei 10€ liegen wird.

Die Tickets kann man ausschließlich (nur) über das Internet erwerben. Einer von der Provinz Málaga in Auftrag gegebenen Studie zufolge werden jährlich mehr als 200.000 Touristen den Caminito besuchen, der sich somit zu einem Hauptanziehungspunkt im Hinterland von Malaga entwickeln soll. Der Zugang zum Camenito ist in Ardales. Am oberen Stausee kann man sein Auto parken und zu Fuss bis zum Schalter gehen. Entweder am Restaurante Mirador über den Parkplatz

oder durch den kleinen, aber langen und seeehr dunklen Tunnel. Am Schalter wird das gebuchte Ticket und der Ausweis kontrolliert und anschließend bekommt man einen Helm und eine kleine Erklärung in spanisch oder englisch. Die Gehzeit auf dem Camenito beträgt etwa 1.45h. (!)Man sollte auf jeden Fall schwindelfrei sein. Am Ausgang wartet in etwa 200m Entfernung ein Shuttle Bus, der Sie für 1,55€ pro Person wieder zurück bringt. Im Ausgangsbereich

gibt es auch eine kostenfreie WIFI-Zone und die Möglichkeit via USB sein Handy oder seine Kamera aufzuladen.

Historische Bilder aus der Gründerzeit des Caminitos können Sie bei einem Cafelito im Restaurante El Kiosko am oberen Stausee betrachten.

Ubrique

Diesen 17.000- Seelen- Ort finden Sie auf der Strecke von Ronda nach Jerez. Er ist DAS Zentrum des Lederhandwerks. Einst von den Mauren hier eingeführt, prägt es bis heute den Ort: Die Wirtschaft von Ubrique besteht eigentlich nur aus lederverarbeitenden Betrieben. Das sind in der Regel kleine Familienbetriebe, die pro Woche in der Garage etwa 40 bis 50 Portemonnaies zusammennähen, alles per Handarbeit, und diese wertvollen Arbeiten werden dann ausschließlich an El Corte Inglés verkaufen. Mittlerweile allerdings haben diese kleinen Handwerksbetriebe eine eigene Genossenschaft gegründet, und die hat dafür gesorgt, dass auch in Ubrique selbst jetzt viele Geschäfte existieren, in denen Sie die Erzeugnisse des Ortes auch vor Ort kaufen können.

Antequera

Endlich mal ein Ort, der seinen Namen nicht von den Arabern hat – sondern von den Römern. Die verkehrsgünstige Lage zwischen der Küste, den Bergen der Sierra Nevada und dem Tal des Guadalquivir wussten sie schon vor 2000 Jahren zu schätzen und nannten ihre Siedlung Anticaria. Das blieb genauso haften wie die Verkehrsgunst. Die 45.000-Einwohner-Stadt Antequera ist heute für Andalusien ein bisschen so etwas wie Frankfurt für Deutschland: Man liegt genau zwischen allem und kommt von dort nach überall schnell hin – aber es gibt keinen wirklichen Grund, dort zu bleiben. Von den Einheimischen wird der Ort das Herz von Andalusien genannt. Er liegt genau im Zentrum der 4 grossen Städte: Granada, Sevilla, Malaga und Cordoba.

Den besten Überblick über Antequera erhält man vom Alcazaba aus, der ehemaligen maurischen Festungsanlage. Sie ist nur noch in Resten erhalten – irgendwo mussten die Steine für die vielen Kirchen, immerhin 33 an der Zahl, im Stadtzentrum ja herkommen. Dass sich schon vor Spaniern, Mauren und Römern hier Menschen angesiedelt hatten, lässt sich am besten außerhalb des Stadtzentrums sehen – bei dem Dolmen El Romeral. Diese etwa 5000 Jahre alte Grabanlage aus der Jungsteinzeit besteht aus einem längeren Gang, der sich in eine wabenförmige Kammer öffnet. Diese verengt sich nach oben und wird von einer gewaltigen Steinplatte abgedeckt. Es folgt ein weiterer Gang aus großen Steinblöcken mit einer wabenförmigen Grabkammer; ein schwerer horizontaler Steinblock diente möglicherweise Opferzeremonien oder dem Ablegen des Leichnams. Auch diese Wabe ist von einer Steinplatte verschlossen. So solide wurde danach in dieser Gegend nie wieder gebaut. Der markante Berg den Sie auf dem Foto erblicken, heisst Peña de los Enamorados und hat bei näherer Betrachtung die Form eines maurischen Gesichtes. Der Legende nach sollen sich ein Maure und eine Christin unsterblich ineinander verliebt haben, und weil Sie zu Lebzeiten nicht zusammen kommen durften, stürzten sich beide von diesem 882m hohen Berg zu Tode- worauf der Berg die Gesichtsform des Mauren angenommen hat.

Dass es auch ganz ohne Menschen geht, zeigt sich hervorragend gleich an zwei Orten in der Nähe von Antequera: bei der Lagune „Fuente de Piedra", dem wichtigsten Lebensraum von Rosaflamingos in ganz Europa. Von April bis September können Sie Zehntausende Flamingos hier brüten sehen. Und dann noch beim Naturpark El Torcal, ein Dutzend Kilometer von Antequera entfernt. Die bizarren Kalkstein-Formationen in mehr als 1000 Meter Höhe werden zwar vereinzelt von Schafen und Kletterern durchzogen, dennoch geben Sie jedem das Gefühl, wie klein und unwichtig wir Menschen doch sind. Das schafft sonst nur die Verkäuferin an der Fleischtheke meines Supermarkts.

Casares

Mit seinen rund 5.700 Einwohnern ist Casares wohl eher ein Großdorf. Casares liegt auf einem

Hügel zwischen dem Bergland von Ronda, der Costa del Sol und dem Landstrich Campo de Gibraltar. Es ist eines der schönsten Dörfer der Provinz Málaga, weshalb es 1978 zum Historischen Ensemble erklärt wurde.

Die Ursprünge von Casares liegen in der Römerzeit, als der dankbare Julius Cäsar seine Gründung anordnete, nachdem er in den Bädern von Hedionda geheilt wurde. Der heutige Ortskern stammt jedoch aus der Maurenzeit. Bemerkenswert sind die Ruinen einer maurischen Burg, die aus dem 17. Jahrhundert stammende Kirche Nuestra Señora de la Encarnación, das aus dem 16. Jahrhundert stammende Kloster Santa Catalina, die Ballesteros- und die Hedionda-Höhlen sowie das Sima de los Huesos.

Im Jahre 1885 wurde der spätere Rechtsanwalt Gil Blas Infante geboren. Der „Vater des andalusischen Nationalismus" wurde am 11. August 1936 zu Beginn des spanischen Bürgerkrieges von nationalistischen Truppen ermordet. Die Casareños gedenken des berühmtesten Sohnes ihres Dorfes mit einer Statue auf der Pláza de España.

Da nur eine gut ausgebaute Straße nach Casares rein oder raus führt, kommen Sie auf jedem Fall an dem Casa de Jubilados (der Renter) vorbei. Grüßen Sie freundlich die davor sitzenden Herren und trinken Sie für ein kleines Geld etwas in der innenliegenden Bar. Die kleinen und großen Punkte am Himmel sind übrigens alles Adler, die hier in großer Zahl heimisch sind.

Ronda

Ronda ist die mit Abstand wichtigste Stadt im Hinterland der Costa del Sol, also sozusagen die Hinterstadt. Viele Wege führen nach Ronda, von Sevilla, von Málaga, von Antequera, von Ubrique, von Estepona und von Algeciras. Letztere sogar mit dem Zug. Die Bahnlinie wurde seinerzeit von den Engländern erbaut und führt unter anderen durch die abgelegene Geierschlucht. Der mit Abstand schönste aber ist der Weg von Marbella aus. An der Küste an der Goldenen Meile und Puerto Banús vorbei, und kurz vor San Pedro geht es dann rechts hoch in die Berge. Serpentinenmäßig fährt man dann die insgesamt 218 Kurven in die Sierra de los Nieves. Die heißt übrigens nicht nur „Schneegebirge", im Winter schneit es hier tatsächlich ziemlich häufig.

Wenn Sie in die Ferne schauen, haben Sie traumhafte Ausblicke auf die Berge und das Meer, wenn Sie in die Nähe schauen, werden Sie viele Eichen sehen, und zwar sowohl Kork- als auch Steineichen. Wir brauchen hier nämlich viele Eichen, um unsere Schweine, die pata negras, großzuziehen. Aus diesen Schwarzfußschweinen machen wir einen der berühmtesten Schinken der Welt – eben den pata negra, Schwarzfuß. Die Schweine ernähren sich von 30 Prozent Eicheln und 70 Prozent Gras. Heißt, im November, wenn die Eicheln reif sind, frisst jedes Schwein ca. 1 Tonne Eicheln und nimmt zwischen 40 und 60 Kilo zu. Und wenn die Schinken dann fertig sind, kommen sie in die südliche Sierra Nevada, wo sie 2 bis 5 Jahre kühl und trocken gelagert werden. Dann kommen sie in den Handel, wo Sie bis zu 500 Euro für einen Schinken los werden.

Ronda selbst ist eigentlich sehr übersichtlich. Sollten Sie mit dem Auto unterwegs sein, fahren Sie zur Tourist - Information mitten in der Stadt, parken Ihr Auto direkt davor und spazieren einfach drauflos. Sie werden die „Neue Brücke" über den Fluss Guadalevin kaum verfehlen können. Sie sollten sie aber auch nicht verfehlen, immerhin geht es dort 170 Meter tief in die Schlucht. Vorsicht bitte beim Fotografieren! Neue Brücke heißt das Bauwerk übrigens deswegen, weil uns die alte leider eingestürzt ist. Ist aber schon ein paar Jahrhunderte her – die Wahrscheinlichkeit ist relativ hoch, dass die neue auch noch Sie aushalten wird.

In der Mitte der Brücke werden Sie feststellen können, dass dort ein Gemach ist, eine Art Verlies. Dort war früher das Gefängnis von Ronda untergebracht – Flucht war absolut unmöglich, es sei denn, Sie könnten fliegen. Früher waren in der Tajo-Schlucht auch noch alte Mühlen in Betrieb, die leider heute nur noch als Ruinen zu sehen sind. In Ronda können Sie ein altes arabisches Bad und gleich acht Museen besichtigen sowie eine Fülle von alten Plätzen und Palästen. In der Kirche Santa Maria la Mayor hängt ein ganz besonderes Abendmahls-Gemälde: Hier sitzen nur Frauen an der Tafel. Und das ist kein Werk des modernen Feminismus, das hängt seit ewigen Zeiten dort in der Kirche.

Sie können auf den Spuren einer ganzen Menge von Weltstars wandeln: Der Lyriker Rainer Maria Rilke war 1913 für ein paar Wochen hier, um eine Schaffenskrise auszukurieren. Ernest Hemingway, Ava Gardner und Orson Welles waren hier, letzterer ließ sich sogar in Ronda begraben, Madonna nahm hier ein Video auf, und 1984 wurde hier die Oper „Carmen" verfilmt (1984), mit Plácido Domingo und Julia Migenes in den Hauptrollen.

Aber die eigentliche Berühmtheit Rondas ist der Stierkampf. Seine Stierkampfarena ist die älteste Spaniens. Bei der Eröffnung ist 1784 leider die Haupttribüne zusammengebrochen und musste erst wieder neu aufgebaut werden, und in der Zwischenzeit war schon die Arena in Sevilla in

Betrieb. Aber vom Ersteröffnungstag her gemessen ist Ronda eindeutig die älteste. Heute ist dort ein Stierkampfmuseum angeschlossen, das täglich geöffnet ist.

Vor allem aber wurde in Ronda der moderne Stierkampf entwickelt: der Kampf zu Fuß. Ende des 18. Jahrhunderts hat der Matador Pedro Romero die Regeln aufgestellt, wie ein Stierkampf in einer Arena durchzuführen ist. In der Vor-Romero-Zeit handelte es sich einfach nur um eine Mutprobe: Die Kadetten zu Pferde haben ihren Mut an den Stieren gemessen – zu Fuß ist kein normaler Mensch auf einen Kampfstier zugelaufen. El Toro, der Kampfstier, bis zu 500 Kilo kann der schwer werden und er kann drei Tage durchkämpfen, ohne müde zu werden.

Den Stieren haben wir es übrigens zur verdanken, dass wir hier in Andalusien so viele Naturschutzgebiete haben. Kampfstiere stehen niemals im Stall, sondern immer auf freiem, möglichst unberührtem Feld. Ein Züchter bekommt vom Stierkampfbetreiber bis zu 3000 Euro pro Stier. Und dem reicht nicht ein Stier pro Kampf: Bis zu drei Stiere müssen im Hintergrund warten – es gibt ja auch Feiglinge unter den Stieren. Es kann sogar vorkommen, allerdings ganz selten, dass das Publikum merkt, dass hier ein richtiger Kämpfer unterwegs ist. In diesem Fall zeigt es dem Torero an, dass der Kampf sofort zu unterbrechen ist, und der Stier darf weiter leben, für die Nachzucht. Kommt aber ganz selten vor, die Feiglinge überwiegen. Und die werden sofort ausgetauscht, denn das Publikum möchte ja einen richtigen Kampf sehen.

Einmal im Jahr, anlässlich des Geburtstages von Pedro Romero, wird der Stierkampf in der Arena von Ronda praktiziert. Aber Karten zu bekommen ist sehr schwierig. Der spanische König kommt zu Besuch, José Carreras singt zur Eröffnung. Wenn Sie mit dem Stierkampf nichts anfangen könnenverständlich. Das kommt alles noch aus einer Zeit der Tieropferungen. Und trösten Sie sich: Auch die spanische Königin Sofia kann Stierkämpfen nichts abgewinnen – aber sie ist ja auch nur an-

geheiratete Spanierin, sie kommt aus dem grie-
chischen Königshaus und ist im deutschen Inter-
nat Salem zur Schule gegangen.

Ein Stierkampf, so die Faustregel, sollte nicht
länger als 20 Minuten dauern. Und das Publikum
ist sehr erfahren. Sie müssen sich vorstellen, das
ist wie eine Choreographie, die dort absolviert
wird. Eine sieht so aus, dass der Torero sich in
der Mitte der Arena niederkniet und dann auf den
Stier wartet. Und je eleganter er ihm dann aus-
weicht, desto höher natürlich die Punktzahl in den
Augen des Publikums.

Wenn der Kampf nicht nur ordentlich absolviert
wurde, sondern nach Meinung des Publikums hervorragend war, zeigt es das dem Matador, und
dann darf er sich zur Belohnung ein Ohr ab-
schneiden – also dem Stier. Und wenn es ganz
hervorragend lief, dann sogar beide. Die werden
dann getrocknet und sind für seine Geliebte. Na,
die freut sich vielleicht. Deswegen: Wenn Sie ein
Stierkampfmuseum besuchen, achten Sie auf die
Ohren der Stiere. An denen können Sie erkennen,
ob es ein Kämpfer oder ein Feigling war.

Meine Herren, wenn Sie einmal mit Ihrer Geliebten an einer Stierweide vorbeikommen und Sie
sehen oben einen Toro auf der Weide stehen:

Wenn Sie mehr als zwei Hörner dort sehen, springen Sie über den Zaun, laufen Sie auf die Stiere zu, diese werden unverzüglich fliehen. Aber wenn Sie nur zwei Hörner sehen, es also nur mit einem einzigen Stier zu tun haben: Lassen Sie es bloß bleiben – er wird sie nämlich sonst sofort angreifen.

Die geheiligten Teile eines in der Arena getöteten Stiers gehen übrigens immer noch an den örtlichen Polizeichef und den Bürgermeister. Da die meissten Stierkampfarenen über eine eigene Metzgerei verfügen, wird dort der Stier zerlegt, und in den umliegenden Metzgereien verkauft. Der Erlös dient oft karitativen Zwecken.

Júzcar

El pueblo de los pitufos (Das Dorf der Schlümpfe)

Eigendlich sollte es nur ein Werbegag im Frühjahr 2011 sein. Um den Film "Die Schlümpfe in 3D" und später den Teil 2 zu promoten, tünchte die Produktionsfirma Sony Pictures alle Häuser in dem 250-Seelen-Ort Júzcar blau an. Natürlich nicht in irgendeinem Blau, sondern in dem genormten Schlumpfblau. 9000 Liter Farbe wurden verpinselt, um vom Wohnhaus über das Rathaus bis zur Kirche das gesamte Dorf in ein wahres Schlumpf-hausen zu verwan-deln. Mit großem Er-folg - denn die Touris-ten kamen plötzlich in Massen. Verirrten sich

sonst rund 300 Besucher pro Jahr in den Ort rund 60 Kilometer von der Küstenstadt Marbella ent-fernt, kamen nun seit der Maleraktion mehr als 80.000 auf einen Rundgang vorbei. Ursprünglich hatte Sony den Bewohnern von Júzcar zugesagt, die Häuser nach der Filmpräsentation wieder weiß zu streichen. Doch scheinbar hatten sich die Ein-wohner an den neuen Titel als Schlumpfdorf be-reits gewöhnt. Sechs Monate nach dem Anstrich, Ende 2011, bat die Gemeinde zu einer Abstim-mung - mit einem klaren Ergebnis. Nur 33 Be-wohner stimmten gegen das Blau, 141 dafür. Damit ist entschieden: Die Fassaden in Júzcar bleiben schlumpffarbenblau. Mittlerweile hat sich eine ganze Reihe an Attraktionen rund um die Schlümpfe entwickelt. Probieren Sie auf jeden Fall den Schlumpfkuchen...hmmm, lecker. Es gibt einen „Mercapitufo", einen Schlumpfmarkt, an jedem Samstag, gelegentlich laufen als Schlümpfe verkleidete Bewohner durch die Straßen, und es soll sogar eine erste Schlumpfhochzeit gegeben haben. ANFAHRT: Das Dorf liegt 22 Km von Ronda entfernt. Wenn Sie von der Küste (San Pedro, A-397) Richtung Ronda fahren, biegen Sie nach der einzigen Tankstelle auf der linken Seite Richtung Júzcar ab. Die großen Kastanienhaine entlang der Straße werden Sie begeistern. Ihr Fahrzeug sollten Sie dann am Ortseingang von Júzcar (Hotel Bandolero) parken und die Hauptstraße entlang spazieren. Auf der anderen Seite des Dorfes, gegenüber von Papa Schlumpf, sehen Sie die Bar „Torricheli", in der man preiswert und gut bei Alejandro essen kann. Von hier aus können Sie einen wunderbaren Rundgang durch das Schlumpfdorf unternehmen, indem Sie einfach die Straße weiter runter bis zum Friedhof gehen. Am Rathaus sehen Sie eine Gedenktafel, mit der man der alten Feinblechfabrik gedenkt, die hier vor geraumer Zeit einmal stand, und neben der Kirche können Sie eine Ausstellung besichtigen, in dem vor allem die vielen Pilzsorten in dieser Gegend näher beschrieben und illustriert werden.

5. Das Meer

Mittelmeer

Eigentlich sollte man denken, dass Menschen ihren Urlaub an der Costa del Sol verbringen, um im Mittelmeer zu baden. Möglicherweise haben Sie das auch gedacht – so lange, bis Sie das erste Mal im Meer waren. Und feststellten, dass die Ostsee von der Temperatur her mit unserem Mittelmeer durchaus mithalten kann. Sie brauchen auch nicht darauf zu warten, dass es wärmer wird: Das ist hier immer so. Sie sind praktisch am südlichsten Punkt Europas, Sie haben Afrika im Blick, Sie befinden sich in der Badewanne Mittelmeer, und trotzdem steigen die Wassertemperaturen auch im Hochsommer kaum auf 20 Grad. Man könnte glatt meinen, die Natur spielt verrückt.

Macht sie aber nicht. Denn das Mittelmeerwasser, in dem Sie hier baden, ist erst ganz frisch im Mittelmeer angekommen. Bis vor kurzem gehörte es noch zum Atlantik. Aber durch die Meerenge von Gibraltar fließt ständig Atlantikwasser ins Mittelmeer nach. Das liegt vor allem daran, dass im Mittelmeer regelmäßig mehr Wasser verdunstet als durch die Flüsse neu ins Meer gespült wird. Dadurch ist das Mittelmeer quasi tiefergelegt, und der Atlantik gleicht das aus. An der Nähe zum Atlantik liegt es auch, dass wir hier Gezeiten haben. Ebbe und Flut gibt es sonst im Mittelmeer ja gar nicht.

Dazu kommt noch, dass am Meeresgrund eine Gegenströmung läuft, die wärmeres, salzigeres Mittelmeerwasser an der Küste Afrikas entlang in den Atlantik treibt. Bei uns landet dann Tiefenwasser am Strand, das auch im Sommer keine Chance hatte, sich lange an der Sonne zu erwärmen. Deshalb hat unser Meer das ganze Jahr fast die gleiche Temperatur – 18 Grad kalt, aber erfrischend. Und wenn Sie so einen demokratischen Körper haben wie ich, wo sich jede Zelle einzeln entscheidet, ob sie ins Wasser möchte, dann kann das schon eineinhalb Stunden dauern, bis Sie drin sind.

Im Sommer kann es schon mal vorkommen, dass wir bei einer Lufttemperatur von 38 Grad eine Wassertemperatur von 17 Grad haben. Wenn wir dann mit dem Boot zum Baden rausfahren, werfen wir erst die Kinder rein, und wenn die sich nach zehn Minuten noch bewegen, springen wir hinterher – dafür haben Kinder 25 Prozent Ermäßigung. Nein, keine Sorge: Sie können ruhig im Meer baden, es ist urgesund. Es sieht vielleicht nicht so aus, wie Sie es gerne hätten, türkis und so, aber dafür hat es die atlantische Frischegarantie. Nur wenn es gerade einen Wolkenbruch gegeben hat, verfärbt sich das Wasser hier stark ins Bräunliche und riecht etwas strenger, weil dann die Kanalisation überläuft und mit dem Regenwasser zusammen über breite Abläufe ins Meer geleitet wird. Aber wer will direkt nach einem Wolkenbruch schon baden?

Dummerweise hatten wir die letzten Jahre in der Badesaison immer Quallen, und leider kommen auch immer die gleichen: rote Feuerquallen. Sie sind etwa handtellergroß, haben eineinhalb Meter lange Tentakeln und es tut ungeheuer weh, mit denen in Berührung zu kommen. Sie sollten deshalb nur an den Strand gehen, wenn Sie eine Flasche Essig dabei haben für die Erste Hilfe. Oder Sie haben jemand dabei mit einer vollen Blase, das geht auch. Natürlich nicht empfehlenswert bei Gesichtsverletzungen.

30 Tonnen Quallen haben wir schon aufgelesen. Natürlich haben wir uns gefragt, warum diese Quallen ausgerechnet im Sommer zu uns kommen – könnten doch auch im November kommen,

da ist das Wasser auch nicht kälter, aber dafür sind keine Touristen mehr im Wasser. Aber die Freude machen uns die Quallen nicht. Sie fühlen sich in salzhaltigerem Wasser besonders wohl – und im Sommer fließt erstens weniger Süßwasser, und zweitens arbeiten die Entsalzungsanlagen auf Hochtouren, die die Küste mit Trinkwasser versorgen und die übrig bleibende Salzlake zurück ins Meer kippen. Außerdem haben wir viel weniger Schildkröten im Mittelmeer als früher, und Schildkröten sind die natürlichen Feinde der Quallen. Jetzt sollen über tausend Schildkröten aus Südamerika bei uns ausgesetzt werden, um sich der Feuerquallen anzunehmen.

An der Küste entlang können Sie hier ausgedehnte Spaziergänge machen, so weit, wie Sie wollen. Es gibt in Spanien keine Strände in Privateigentum, deshalb kann Ihnen auch niemand verwehren, beispielsweise am Strand des Marbella-Club-Hotels entlang zu laufen, um zu schauen, ob zufällig gerade mal wieder das schwedische Königspaar zu Besuch ist. Weshalb sich allerdings diese und andere Prominente in der Regel nicht am Strand, sondern am Pool des Hotels aufhalten – da kommen Sie nicht so einfach hin.

Nach Einbruch der Dunkelheit sollten Sie allerdings wenig belebte Strandabschnitte meiden. Nicht nur, um andere sich dort Herumtreibende nicht auf dumme Gedanken zu bringen, sondern auch, weil Sie dabei Geschäftsleuten in die Quere kommen könnten. Die Costa del Sol ist schließlich nicht nur eine Küste, sondern auch eine Grenze, und Spanien ist das wichtigste Einfallstor für den Schmuggel von Rauschgiften aller Art in die EU. Manche Angler hier an der Küste halten nicht nur nach Fischen Ausschau, sondern signalisieren mit dem Handy ihren Kumpels, wann die Luft rein ist. Dann tuckert ein Boot heran, ein paar Kisten werden abgeladen, in einen Kofferraum gepackt, und nichts wie weg. Pro Bootsladung kommen so 300 bis 350 Kilo Rauschgift an Land.

Hin und wieder schnappt die Polizei tatsächlich mal zu. Aber die Küste ist lang, die Nacht ist dunkel, und so ein Polizistengehalt ist niedrig. Auf dem Wasser ist das Risiko für die Schmuggler gleich Null: Wenn sie erwischt werden, schmeißen sie einfach alles über Bord, es gibt keine Beweise, und sie können allenfalls ausgewiesen werden. Aber das ist vielleicht einer der Gründe dafür, dass die Delfine hier so gut drauf sind. Über die anderen erfahren Sie mehr im nächsten Kapitel.

Gibraltar und seine Straße

Man kann sich kaum vorstellen, dass hier jahrtausendelang die Welt zu Ende war. Die Straße von Gibraltar hat doch eigentlich eher etwas Verbindendes: Europa und Afrika, Mittelmeer und Atlantik reichen sich die Hand. Doch für die Griechen und die Römer war hier Schluss. Die Griechen sprachen von den Säulen des Herakles, die hier die Welt begrenzten, und die Römer nannten die Meerenge Non plus ultra: Nichts geht weiter. So heißt sie offiziell immer noch.

Der Grund für diese absolute Grenzziehung war nicht einfach nur Aberglaube und fehlendes geografisches Wissen: Wenn die Erde platt ist, konnte es ja nicht gut gehen, wenn man dort weiterfährt. Es kam ein handfestes technisches Problem dazu: Mit ihren Segelschiffen konnten die Griechen und die Römer die Straße von Gibraltar schlicht nicht passieren. Der Wind kommt ja meistens aus Westen, und die Strömung (1,5 Billionen Liter pro Sekunde), die ständig vom Atlantik in Richtung Mittelmeer fließt, ist so stark, dass mit den technischen Mitteln der Antike kein Durchkommen möglich schien.

Den Römern zumindest. Die Phönizier, die sich erstens auf dem Meer und zweitens in dieser Gegend wesentlich besser auskannten, hatten einen genialen Trick, um die Meerenge doch zu überwinden: Sie ließen einen Treibanker bis zum Meeresgrund herab. Da am Meeresboden eine starke Strömung aus dem Mittelmeer zum Atlantik herrscht, zieht diese den Anker und damit das Schiff nach Westen, durch die Straße hindurch.

Heute sind solche Tricks nicht mehr nötig, und die Meerenge von Gibraltar passieren etwa 12.000 Schiffe pro Jahr. Das kann sich manchmal ganz schön knubbeln, schließlich kreuzen auch eine Menge Fähren den Weg und außerdem noch einige Boote voller Touristen, die mitten im dicksten Verkehr Wale und Delfine sehen wollen. Und das meist auch schaffen – denn die Straße von Gibraltar inklusive ein paar Dutzend Kilometer rechts und links davon sind ein Tummelplatz für Delfine und Grindwale sowie hin und wieder auch Orkas oder gar Pottwale.

Was treibt sie alle hierher? Die Nahrung natürlich. Durch die zwei starken Meeresströmungen wird hier das Wasser stark durcheinandergewirbelt und ist deshalb besonders nährstoffreich. Das lockt kleine Fische an, die wiederum von großen Fischen gefressen werden, von denen sich wiederum Wale und Delfine ernähren. Außerdem ziehen in großen Scharen rote Thunfische durch die Meerenge auf dem Weg zu ihren Laichplätzen, und die werden hier nicht nur von den Walen, sondern auch von Fischern aus Spanien, Marokko und Japan erwartet – das dunkle Fleisch des roten Thunfischs eignet sich hervorragend für Sashimis.

Obwohl sie seit jetzt mehr als 300 Jahren hier ansässig sind, haben die Briten niemals den Ehrgeiz besessen, sich als Fischer zu profilieren. Ihnen geht es hier eher um das Land als um das Meer – um „The Rock", wie sie ihre Kolonie Gibraltar nennen. Der Name heißt ursprünglich „Berg des Gouverneurs Tarik", Dschebel al-Tarik. Tarik war Gouverneur von Tanger im Jahr 710 und hatte dort nach Europa übergesetzt, um den damals in Spanien ansässigen Westgoten das Land abzunehmen. Uns mag es heute seltsam vorkommen, dass Tarik sich als Startpunkt seiner Invasion einen Felsen gewählt hat, der so leicht zu verteidigen ist. Aber die Erklärung dafür ist ganz einfach: Es gab hier damals keine Verteidiger, weil Gibraltar völlig unbewohnt war – weil es auf dem Berg keine natürlichen Wasservorkommen gibt, gab es dort weder Stadt noch Dorf noch Hütte.

Das hat sich bekanntlich geändert. Auf dem mit sechseinhalb Quadratkilometern wirklich nicht großen Stück Land findet man 30.000 Einwohner, mindestens 60.000 steuersparende Briefkastenfirmen und die einzige befestigte Grenze auf der iberischen Halbinsel. Denn obwohl sowohl Großbritannien als auch Spanien zur Europäischen Union gehören und zwischen EU-Mitgliedern die Grenzkontrollen abgeschafft sind, gibt es für das zu Großbritannien gehörende Gibraltar einen Sonderstatus. Wenn Sie zum Felsen wollen, also immer einen gültigen Ausweis dabeihaben. Neulich hatte ich jemand im Bus, der meinte, dass sein Führerschein bestimmt ausreichen würde, um über die Grenze zu kommen. Der durfte sich dann den ganzen Tag La Linea ansehen. So heißt die Stadt auf der spanischen Seite der Grenze zu Gibraltar. La Linea heißt die Feuerlinie. Von dort aus wurde schon immer auf Gibraltar geschossen, um den Felsen wieder zurück nach Spanien zu bekommen. Dummerweise ist die einzige Sehenswürdigkeit, die La Linea zu bieten hat, der Blick auf die Schlangen bei der Grenzkontrolle –

ein bisschen wenig Abwechslung für einen ganzen Ausflugstag.

Aber immerhin ist die Grenze passierbar. Das war nicht immer so. 1969 hat General Franco die Grenze schließen lassen und erst 1985 ging sie wieder auf. Das heißt: Um die Leute auf der anderen Seite der Grenze zu besuchen, musste man einen ganzen Tag einkalkulieren: mit der Fähre von Gibraltar nach Marokko und von dort zurück nach Algeciras, der Rückweg dann genau umgekehrt. Das konnte auf Dauer nicht funktionieren – mitten in Europa, zwischen zwei zivilisierten Staaten, eine geschlossene Grenze.

Nach Gibraltar kommen Sie eigentlich auch sehr schön mit dem Leihwagen. Besser gesagt: Nicht nach, sondern bis Gibraltar: Viele Leihwagenfirmen verbieten die Fahrt über die Grenze, und die Schlangen am Übergang sind meistens lang. Stellen Sie das Fahrzeug also vor der Grenze ab, es gibt genügend Parkmöglichkeiten, gehen Sie zu Fuß (und mit gültigem Ausweis) über die Grenze, steigen Sie direkt danach in die roten Doppeldeckerbusse und fahren zur Main Street. Dort können Sie Ihre Einkäufe erledigen oder mit einem Taxi auf den Berg fahren. Und danach laufen Sie wieder über die Grenze zurück. Fahren Sie mit einer Reisegruppe, ist natürlich alles viel einfacher. Die Busse fahren immer rein, und die Bergtour ist meistens im Reisepreis inbegriffen. Der Preis für die private Anreise und die Bergtour mit dem Taxi liegt ziemlich genau in der Größenordnung wie der Preis für den geführten Ausflug.

In Gibraltar sollten Sie auf jeden Fall darauf achten, dass alle Preise dort in Britischen Pfund sind. Und eine Empfehlung: Wenn Sie dort essen oder trinken, bezahlen Sie vorher. Selbst wenn der Kellner bei der Bestellung 30 Sprachen spricht, in dem Moment, wo es Ärger mit der Rechnung gibt, spricht der auf keinen Fall mehr die Sprache, die Sie sprechen. Bis vor kurzem hätte ich Ihnen dort noch jemanden empfehlen können, aber der ist mittlerweile auch verhaftet worden. Die sind ein bisschen neppig drauf dort in Gibraltar. Ich erinnere mich an ein Plakat von Burger King: Jedes Menu 99 Pence. Wenn Sie das bestellt haben, haben Sie natürlich trotzdem Ihre 6 Euro bezahlt – weil ganz klein drunter stand: ab 18 Uhr.

Was Sie auf Gibraltar aber absolut günstig einkaufen können, sind Zigaretten und Kosmetika. Und wenn Sie mit dem Auto rüberfahren: Vergessen Sie das Tanken nicht. Das sind Preise, an die möchte man sich sehr schnell gewöhnen. Sollten

Sie mehr Benzin mitnehmen wollen, als Ihr Tank fasst: die besten Erfahrungen haben wir mit Tupperdosen gemacht.

Was auch immer Sie in Gibraltar an Kleidung und Schmuck eingekauft haben: Beim Verlassen der Stadt bitte anziehen. Denn alles, was Sie in Tüten mit sich führen, haben Sie ja offensichtlich in Gibraltar eingekauft, das müssen Sie dann auch versteuern – was Sie am Körper tragen, natürlich nicht. Und warum sollten Sie nicht bei Lufttemperaturen von 34 Grad drei Nerzmäntel tragen? Unter dem Ledermantel, versteht sich.

Ach, Sie wollten noch gar nicht wieder raus, sondern sich noch ein bisschen in Gibraltar umsehen? Zum Beispiel ein Ausflug bis an die Südspitze des Felsens, dem Europa Point. Dort stehen der 1841 eröffnete Leuchtturm von Gibraltar (Gibraltar Trinity Lighthouse) und eine Moschee. Wenn Sie allerdings zum südlichsten Punkt der iberischen Halbinsel wollten, müssten Sie noch 25 Kilometer weiter südwestlich, zum Punta de Tarifa.

Ach, Sie wollten lieber in Gibraltar bleiben? Na, dann nichts wie rauf auf den Felsen, zu unseren Makaken. Das sind schwanzlose Berberaffen, die leben freiwillig dort und werden vom britischen Militär gehegt und gepflegt, weil sie ja angeblich

den Bestand des britischen Weltreichs garantie-
ren. Hintergrund dieser Legende ist eine Geschichte aus der Zeit der Belagerung Gibraltars
von 1779 bis 1783: Damals sollen die Engländer
von den Tieren vor einem Nachtangriff der Spanier und Franzosen gewarnt worden sein. Winston
Churchill ließ sogar Berberaffen aus Marokko im-
portieren, um den vermutlich wegen Inzucht
kränkelnden Affenstamm wieder zu stärken –
trotzdem ist von diesem Weltreich außer Gibraltar
selbst und den Falkland-Inseln nicht mehr viel
übrig. Obwohl sie schwanzlos sind, vermehren
sich die Affen trotzdem (vielleicht wie die Mönche
durch Zellteilung), es sind mittlerweile mehr als
300.

Zwei Dinge haben diese Affen nicht. Sie besitzen
kein Benehmen und keinen Schließmuskel – die
meinen das nicht böse, wenn es auf der Schulter
warm wird. Außerdem sind wir ziemlich sicher,
dass die einen Hehler in der Stadt haben, der ihnen für eine Kamera zehn Bananen zahlt. Also
achten Sie auf Ihre Wertgegenstände, wenn Sie
die Affen besuchen.

Oben auf dem Berg können Sie auf jeden Fall die
St.-Michaels-Grotte besichtigen, eine Tropfsteinhöhle, in der auch Konzerte abgehalten werden,

und seit kurzem auch den Zweiter-Weltkriegs-Tunnel, der hinsichtlich der Besichtigungsdauer allerdings anspruchsvoller ist als die Michaels-Grotte. Ziel dieser Befestigung war es, einem möglichen Angriff der deutschen Wehrmacht begegnen zu können. Diese hatte auch mit einem ersten Operationsentwurf vom 20. August 1940 die Eroberung des Stützpunktes geplant. Dieser Angriff wurde jedoch nie durchgeführt, da Franco neutral blieb.

Nicht besichtigt werden können hingegen jene Höhlen, in denen vor etwa 28.000 Jahren die letzten Neandertaler Europas hausten. In der Gorham-Höhle in Gibraltar wurden sogar ein paar Jahrzehnte vor dem Fund im Neanderthal die ersten Knochen dieses Urmenschen gefunden. Nur leider nicht als solche erkannt – klar, sonst würde man ihn ja heute homo gibraltarensis nennen.

Im Gibraltar von heute haben wir natürlich die Main Street, auf der Main Street Geschäfte und Restaurants ohne Ende sowie die Kathedrale, in der Sie ein Abbild des Leichentuchs von Jesus sehen können. Natürlich sollten Sie den Gouverneurspalast nicht vergessen. Um 11.30 Uhr ist dort Wachablösung: Der Verkehr wird in beide Richtungen gesperrt, der wachhabende Soldat wird durch einen Kollegen im Stechschritt abgelöst. Very british und sehr fotogen. Nicht ganz so british ist der Straßenverkehr: Früher fuhr man hier mal links, aber nachdem sich die Spanier weigerten, auch links zu fahren, hat man dann das kontinentale System übernommen.

Dafür ist das Wetter so nah an Großbritannien, wie es am Mittelmeer nur geht: Bei Gibraltar senkt sich das vorher im Schnitt 1200 Meter hohe Gebirge ab, dann mogeln sich die Wolken an den Bergen entlang, bis sie sehen, dass es nach unten geht, und da biegen sie ab und prallen dann auf den Felsen. Deshalb regnet es in Gibraltar genauso viel wie in London – aber das alles auf die Wintermonate konzentriert. Deshalb erkundigen Sie sich unbedingt nach dem Wetter, bevor Sie einen Tagesausflug nach Gibraltar machen.

Der Gouverneurspalast war früher einmal ein Konvent. Da soll eine Nonne einen außerhalb lebenden Mann geliebt haben, und weil die ja nicht heiraten konnten, haben sich beide das Leben genommen, und deshalb spukt es natürlich im Gouverneurspalast –die Graue Lady treibt dort ihr Unwesen. Außerdem hat der Gouverneur einen Stadtschlüssel, den er niemals verlieren darf. Sollte es ihm nämlich doch passieren, muss die

Stadt an die Spanier zurückgegeben werden. Kurz bevor Sie aus Gibraltar wieder rausfahren, sehen Sie dort ein Regiment, und das präsentiert den Spaniern den Stadtschlüssel.

Ebenfalls kurz vor der Grenze passieren Sie zwangsläufig den Flughafen von Gibraltar – der liegt nämlich einmal quer über die ganze Landzunge, die einzige Straßenverbindung mit dem Rest der Welt führt mitten übers Rollfeld. Ein Glück, dass das Verkehrsaufkommen auf dem Flughafen nur gering ist, sonst würde sich der Stau an der Grenzabfertigung hier gleich fortsetzen.

Die Spanier in den umliegenden Gemeinden träumen davon, dass der Flughafen von Gibraltar zu einem richtigen international genutzten Verkehrsflughafen wird, damit die Touristen nicht immer nach Málaga einfliegen und dann auf dem Weg nach Westen an Fuengirola, Marbella oder Sotogrande hängen bleiben. Im Jahr 2007 wurden auch erstmals direkte Flugverbindungen zwischen Gibraltar und Spanien aufgenommen: Sowohl British Airways als auch Iberia flogen von hier nach Madrid und zurück. Iberia hat aber inzwischen schon wieder aufgegeben. Logisch: Wenn jemand nach Gibraltar fliegt, sind es Engländer – und die werden den Teufel tun, mit Iberia zu fliegen.

Immerhin, es gibt Annäherungen. Am 21. Juli 2009 stattete Außenminister Miguel Ángel Moratinos, als erster Vertreter der spanischen Regierung seit Beginn der britischen Souveränität über Gibraltar, der Halbinsel einen offiziellen Besuch ab. Das war sehr hilfreich, als ein halbes Jahr später ein Schiff der spanischen Guardia Civil bei der Verfolgung mutmaßlicher Drogenschmuggler bis in den Hafen von Gibraltar vordrang und dessen Besatzung von den Briten verhaftet wurde – nicht die Drogenschmuggler, die spanischen Polizisten natürlich. Aber schon zwei Tage später und mit einer demütigen Entschuldigung für das „nicht korrekte Verhalten" wurden die Spanier wieder auf freien Fuß gesetzt. Es geht doch nichts über gutnachbarschaftliche Beziehungen.

Natürlich hätten die Spanier Gibraltar gerne bei sich eingemeindet. Allerdings müssen sie mit ihren Argumenten aufpassen. Denn erstens stimmen die Bewohner von Gibraltar bei jeder sich bietenden Gelegenheit mit mindestens 99prozentiger Mehrheit für ein Verbleiben bei Großbritannien. Und zweitens könnte Marokko auf die Idee kommen, mit genau den gleichen Argumenten für eine Eingemeindung von Ceuta und Melilla zu kämpfen, den spanischen Besitzungen auf afrikanischem Boden. Und wenn sie gerade dabei sind: Auch über die Kanaren könnte man dann noch einmal reden, schließlich liegen sie wesentlich näher an Marokko als an Spanien.

Tagesausflug nach Marokko

Wenn Katzen nicht so wasserscheu wären, könnte man sagen, Marokko sei nur einen Katzensprung von unserer Küstenstadt entfernt. Manchmal, vor allem an Winterabenden, wenn die Luft plötzlich aufklart, kann man das marokkanische Atlas-Gebirge von Marbella aus so deutlich sehen, als stünde man direkt am Fuß dieser Berge. Über 4000 Meter gehen die hoch, da können Sie sogar schilaufen. Von Tarifa oder Gibraltar aus liegt sowieso nur eine Wasserpfütze zwischen Ihnen und Afrika.

Sollten Sie deshalb einen Ausflug nach Marokko planen, etwa nach Tétouan oder Tanger, empfehle ich Ihnen auf jeden Fall eine geführte Tour. Das auf eigene Faust zu machen, ist nicht nur erheblich teurer, Sie sind dann da drüben auch ganz auf sich gestellt – auf einem fremden Kontinent mit einer fremden Sprache kann das ein Problem sein. Viele Menschen da drüben freuen sich, wenn ein Europäer zu ihnen kommt und Hilfe bei der Orientierung und beim Geldausgeben braucht. Ob der Europäer sich allerdings ebenfalls freut, steht auf einem ganz anderen Blatt. Insbesondere nach Tetouan sollten Sie nur dann alleine reisen, wenn Ihr Abstecher in erster Linie dem Haschisch-Einkauf dient. In den angrenzenden Rif-Gebirgen gibt es riesige Hanffelder, und niemand findet etwas dabei, das Zeug anzubauen, zu ernten, weiterzuverarbeiten und zu verkaufen. Bei der Kontrolle an der Grenze kann das allerdings ganz anders aussehen.

Je nachdem, in welche Stadt Sie fahren, werden Sie entweder von der Bucht von Algeciras aus übersetzen, zum Beispiel nach Tetouan, oder von Tarifa aus nach Tanger. Achten Sie darauf, dass Marokko eine andere Zeit hat: im Winter eine Stunde zurück, im Sommer zwei Stunden. Wenn Sie also da drüben um 10 Uhr ankommen, weil die Grenzkontrolle zur Abwechslung mal richtig zügig ging, ist es dort erst 8 Uhr, da kann es sein, dass die ganzen Straßenhändler noch gar nicht für Sie aufgestanden sind – das ist dann ein bisschen einsam.

Tanger

In Tanger, das mit gut 600.000 Einwohnern etwa so groß wie Málaga ist, aber an doppelt so viel Meeren liegt, wurde schon zweimal Weltgeschichte geschrieben: Einmal von Sultan Moulay ben Abdallah, der 1777 als erster Herrscher die USA anerkannte, die sich damals gerade frech für unabhängig erklärt hatten. In Tanger wurde daraufhin die erste diplomatische Vertretung der USA überhaupt eröffnet. Das zweite Mal war Kaiser Wilhelm II. schuld. Der hielt 1905 in Tanger eine flammende Rede für die Unabhängigkeit Marokkos, was Großbritannien und Frankreich für eine unerträgliche Einmischung in ihre imperialistischen Angelegenheiten hielten. Leider lässt sich diese Rede heute nicht mehr besichtigen.

Was man hingegen besichtigen kann, ist natürlich die Medina, die Altstadt mit ihren schmalen Gassen, und an ihrem nördlichen Ende die Kasbah, die alte Festung. Deren Schmuckstück ist der Sultanspalast aus dem 17. Jahrhundert, in dem auch das Kasbah-Museum untergebracht ist.

Die Stadt Tanger blickt auf eine über dreitausend Jahre alte Geschichte zurück. Vermutlich erfolgte die Stadtgründung durch die Phönizier, deren seehändlerische Vorherrschaft in dieser Region uns schon mehrfach begegnet ist. Anschließend wurde die Stadt römische Provinz, bis sie im 5. Jahrhundert von den Vandalen erobert und im darauf folgenden Jahrhundert ein Teil des Byzantinischen Reiches wurde.

Die Truppen des Islam eroberten Tanger 705. Im Laufe der anschließenden Geschichte war es einmal portugiesisch, dann spanisch, dann wieder portugiesisch, bevor es englisch wurde und schließlich 1684 unter die Herrschaft eines Sultans fiel. 1923 schuf man hier eine internationale, entmilitarisierte Zone. Tanger blieb bis zur Unabhängigkeit Marokkos im Jahre 1956 Freihandelsplatz.

Wenn Sie ein bisschen freie Zeit übrig haben: Die Seepromenade entlang der Bucht von Tanger mit dem wunderbaren Sandstrand, der bis zum Cap Malabata reicht, ist zum Flanieren wie geschaffen. Bars und Edel-Restaurants schaffen ein geradezu europäisches Flair, sogar mit ebensolchen Preisen. Sowohl atmosphärisch als auch preislich nähern Sie sich wieder Marokko an, je näher Sie dem Hafen kommen.

Tétouan

Tetouan, das zweite beliebte Tagesausflugsziel an Marokkos Nordküste, ist mit knapp 400.000 Einwohnern etwas kleiner als Tanger, expandiert dafür aber umso stärker. Verantwortlich dafür ist sowohl der ansteigende Tourismus an der Mittelmeerküste als auch seine günstige Lage, zum einen seine Nähe zu Europa, zum anderen seine Position als Handelszentrum für das westliche Rifgebirge. Tétouan liegt malerisch in 90 Metern Höhe auf einem Plateau, im Norden und Süden von den Rifbergen umgeben und in unmittelbarer Nähe zum Mittelmeer.

Mit den offiziellen Dokumenten aus der Stadtgeschichte sieht es in Tétouan nicht so gut aus – immerhin war der Ort über lange Jahrhunderte in erster Linie Piraten-Stützpunkt. Schon die erste ordentliche urkundliche Erwähnung im Jahr 1399 bezieht sich auf eine Strafexpedition der Spanier unter Heinrich III. von Kastilien gegen die Piraten. Erst hundert Jahre später wurde Tétouan durch von der Iberischen Halbinsel geflüchtete Moslems und Juden wieder neu errichtet und abermals zum Piratenstützpunkt. Der Hafen wurde daraufhin unter Philipp II. 1565 stillgelegt. Blüte, Zerstörung und Wiederaufbau wechseln sich danach über Jahrhunderte immer wieder ab.

Sehenswert sind vor allem der Sultans-Palast Dar el Makhzen aus dem 17. Jahrhundert sowie die Mellah, das Judenviertel. Hier siedelten sich die aus Spanien geflüchteten Juden 1492 an. Die Mellah hat ein typisch andalusisches Gepräge, aber auch die für die Judenstädte, im Gegensatz zu arabischen Häusern, typischen Balkone, Überdachungen, Fenster und Erker an der Straßenseite. Die drei Synagogen im Judenviertel können alle besichtigt werden.

In Tanger wie in Tétouan wie in allen anderen Städten, die Sie in Marokko besuchen können, werden Ihnen viele viele Menschen etwas verkaufen wollen. Es spricht auch überhaupt nichts dagegen, dort etwas einzukaufen: Es gibt sehr ansprechende Lederwaren und Textilien, und die

Medikamente sind oftmals wesentlicher naturbelassener als bei uns, weil der Koran es nicht erlaubt, Alkohol beizumengen. Aber es spricht sehr viel dagegen, die Einkäufe auf offener Straße zu erledigen. Da geht es nicht nur um so abendländische Begriffe wie Garantie oder Rückgaberecht, sondern auch um jene delikaten Momente, in denen Sie Ihren Geldbeutel zücken, um zu bezahlen.

Die größte Anschaffung, die viele bei einem Besuch in Marokko ins Auge fassen, ist ein Teppich. Das ist auch weder logistisch noch juristisch ein Problem: Für den Transport lässt sich so ein Teppich ganz klein zusammenfalten oder -rollen, und aufgrund der Handelsabkommen zwischen Marokko und der EU dürfen Sie ihn auch zollfrei mit nach Hause nehmen. Es ist auch kein Problem, jemanden zu finden, der Ihnen einen Teppich verkaufen will – den finden Sie dort an jeder Straßenecke und in jedem zweiten Laden. Das Problem besteht eher darin, den richtigen Teppich zum richtigen Preis zu bekommen. Ob Sie wollen oder nicht: Sie müssen handeln. Und dafür fangen Sie mit einem Preis an, der Ihnen unverschämt vorkommt. Ein Beispiel: Wenn man Ihnen einen Teppich anbietet, der 2500 Euro kosten soll, dann bieten Sie einfach 500. Warten Sie ab, bis der Verkäufer seinen Schlaganfall überwunden hat, und dann gehen Sie in die zweite Verhandlungsrunde. Sie sollten den Teppich auf jeden Fall zum halben Preis bekommen.

Und wenn Sie am Ende Ihrer Tagestour bei dem so gesparten Geld auch noch an den Reiseführer denken, dann hat Ihr Ausflug nach Marokko doch allen Beteiligten rundum Freude bereitet.

Rezeptecke

Paella (6 Personen)

600 gr. runder Reis

800 gr. Hähnchenfleisch

500 gr. Muscheln (klein)

200 gr. Tintenfischringe

300 gr. Garnelen

2 Tomaten

1 Zwiebel

2 Paprika rot

1 Paprika grün

150 gr. Kichererbsen

4 Knoblauchzehen

Safran (10 Fäden)

Petersilie

1/2 Tasse Olivenöl

Zuerst die Muscheln in einem 1/2 L. kaltes Wasser mit viel Salz legen, damit der Sand rausgeht. Nach ca. 2 Std. die Muschel heraus nehmen und das Wasser durch ein feines Sieb filtern und für später aufbewahren. Die Paprika von den Kernen befreien und in Würfel schneiden. Das Hähnchenfleisch ebenso würfeln. Die Zwiebel in sehr kleine Würfel schneiden. Die Tomaten häuten und ebenfalls würfeln. Die Garnelen von der Schale befreien und die Köpfe und Schalen 10 Min. kochen. Das Wasser sieben und als Geschmacksverstärker aufbewahren. Das Olivenöl in einer Paellapfanne erhitzen und das Hähnchenfleisch, Garnelen, Zwiebel, Paprika, Tomaten und Kichererbsen hinzugeben und verrühren. Nach 15 Min. den Reis unterrühren und dann das vorbereitete Wasser der Muscheln und Garnelen hinzugeben (zusätzlich noch etwa die doppelte Menge Wasser wie Reis dazugeben). Jetzt den feingewürfelten Knoblauch, Petersilie und Safran vermahlen und hinzugeben. Salzen Sie die Paella nach ihren Geschmack. Jetzt für 10 Min. stark erhitzen und anschließend bei schwacher Hitze 6-7 Min. köcheln. Zum Schluss die Muscheln und Garnelen in die Paella geben und das Ganze 3-4 Minuten ziehen lassen.

Gazpacho

ca. 200gr. altes Bauernbrot (2-3 Tage)

2-3 Knoblauchzehen

1 grüner Spitzpaprika

1 Schlangengurke

1 Kg. sehr reife, geschälte Tomaten (Eiertomaten)

200-300ml. Wasser

Salz, Essig und Olivenöl

Alles in einem hohen Behälter pürieren, nochmals abschmecken, zum Trinken abseihen und mit Eiswürfel servieren.

Hält im Kühlschrank einige Tage.

Orangenkuchen

1 Bio-Orange

250 gr. Zucker

125 gr. Margarine oder Sonnenblumenöl

4 Eier

375 gr. Mehl

1 Päckchen Backpulver

Puderzucker

Die Orange entkernen und mit dem Zucker pürieren, dann nach und nach die Margarine oder das Öl hinzugeben. Anschließend Eier, Mehl und Backpulver unterrühren.

Im vorgeheizten Backofen bei 180C ca. 60 min. backen. Sollte der Kuchen oben zu dunkel werden , sollten Sie ihn mit einem Stück Alufolie schützen.

Zum Schluss noch etwas Puderzucker darüber streuen.

Ensalada Malageña (4 Pers.)

Der Ensalada Malageña ist wohl der leckerste Salat, den ich probiert habe. Den Touristen fast gänzlich unbekannt, aber in Malaga überall zu haben.

2	gr. Pellkartoffeln,geschält und in Scheiben geschnitten
1	Orangen frisch
2	Frühlingszwiebel

100 gr. Lomo de Bacalao oder Thunfisch

2	Eier

Oliven

Olivenöl extra virgen

Salz

Mehl gesiebt

1 Lomo de Bacalao ist das Filetstück, getrocknet und gesalzen, vom Rücken eines Kabeljaus. In kaltem Wasser für 4 Std einlegen. Das Wasser jede 1/2 Std. wechseln. Anschließend in Mehl wälzen und kurz von beiden Seiten anbraten. Je nach Geschmack können Sie auch den Bacalao durch Thunfisch ersetzen. Orange mit einem scharfen Messer schälen und filetieren. Den Saft

dabei auffangen. Es sollten keine weiße Hautrückstände zurückbleiben. Frühlingszwiebeln putzen und in 2 cm Stücke schneiden. Für ca. 1 Minute in Olivenöl andünsten. Die Eier hartkochen.

Kartoffelscheiben mit dem Orangensaft, den Orangenfilets, den Frühlingszwiebeln und den Oliven mischen. Kühl stellen. Vor dem Anrichten den Bacalao von der Haut befreien, fein zerzupfen und unter den Salat mischen. Anrichten und mit einem wirklich sehr guten, milden Olivenöl beträufeln. Zum Schluss die Eierscheiben reingeben. Wenn der Bacalao nicht genug Salzwürze an den Salat gegeben hat, mit Salz nachwürzen.

Der kleine Reiseversteher...

Bedenken Sie bitte, dass in Spanien zwei LL als ein J gesprochen wird!

Hallo	Hola
Guten Morgen!	Buenos dias!
Guten Tag!	Buenas tardes!
Guten Abend / Gute Nacht	Buenas noches
Auf Wiedersehen!	Adios
Bitte	Por favor
Danke	Gracias
Entschuldigung	Perdón
Heute	Hoy
Morgen	Mañana
Ja	Sí
Nein	No
Danke	gracias
Bitte!	de nada
Prost!	salud
Hilfe	ayuda
Toilette	servicio (baño, aseos)
Ich heiße ...	Me llamo...(J)
Ich hätte gerne ...	Quisiera...
Was kostet ...?	¿Cúanto cuesta...?

Ich spreche kein Spanisch.	No hablo español.
Wie heißt Du?	¿Cómo te llamas?
Ich bin Peter. Und Du?	Soy Peter. Y tu?
Woher kommst Du?	¿De dónde eres?
Ich bin aus Frankfurt.	Soy de Frankfurt.
Noch etwas?	¿Algo más?
Bäckerei	Panadería
Metzgerei	Carnecería
Supermarkt	Supermercado
Markt	Mercadillo (J)
teuer	caro
preisgünstig	barato
geöffnet	abierto
geschlossen	cerrado
Eingang	entrada
Ausgang	salida
Die Karte bitte!	La carta, por favor!
Die Rechnung bitte!	La cuenta, por favor!
Frühstück	desayuno
Mittagessen	almuerzo
Abendessen	cena
Fleisch	carne
Fisch	pescado
Gemüse	verduras
Salat	ensalada

Bier	cerveza
Wein	vino
Wasser	agua
Milchkaffee	café con leche
Trinkgeld	propina
Koffer	maleta
eins	uno
zwei	dos
drei	tres
vier	cuatro
fünf	cinco
sechs	séis
sieben	siete
acht	ocho (otscho)
neun	nueve
zehn	diez
Montag	lunes
Dienstag	martes
Mittwoch	miércoles
Donnerstag	jueves
Freitag	viernes
Samstag	sábado
Sonntag	domingo

Und jetzt noch das Wichtigste...

Die Textkorrektur wurde von **Manfred Bittelbrunn** durchgeführt. Muchas gracias. Bei den Rezepten wurde ich unterstützt von **Maria Nieves Ocón González** und **Heidi Pogontke**. Auch hier ein herzliches Dankeschön.

Und weil Sie schon so einiges über meine Tochter Marie-Louise lesen konnten, möchte ich hier auch meinen Sohn und Freund Maximilian erwähnen, ohne den hier viele gemachte Erfahrungen, nicht zustande gekommen wären.

Impressum:

1. Buch, Oktober 2007 „Costa del Ingolf"
2. Buch, Januar 2012 „Was Sie schon immer über Andalusien wissen wollten aber sich nie zu fragen trauten"
3. Buch, April 2014 „Herrliches Andalusien"
4. Buch, August 2016 „Der Andalusien *Insider*"
   ISBN: 978-84-617-4322-3

Copyright:

Ingolf Birlenberg

29600 Marbella (Spanien)

Homepage: www.Ingolf.in

E-mail: info@Ingolf.in

FACEBOOK: Ingolfmarbella